明萬曆本楊氏易傳

第一册

宋 楊簡撰

天津圖書館藏明萬曆二十三年劉日升、陳道亨刻本

山東人民出版社·濟南

圖書在版編目（CIP）數據

明萬曆本楊氏易傳 /（宋）楊簡撰 .— 濟南 : 山東人民出版社，2024.3

（儒典）

ISBN 978-7-209-14321-9

Ⅰ . ①明… Ⅱ . ①楊… Ⅲ . ①《周易》- 注釋 Ⅳ . ① B221.2

中國國家版本館 CIP 數據核字（2024）第 036321 號

項目統籌：胡長青

責任編輯：張艷艷

裝幀設計：武　斌

項目完成：文化藝術編輯室

明萬曆本楊氏易傳

〔宋〕楊簡撰

主管單位　山東出版傳媒股份有限公司

出版發行　山東人民出版社

出 版 人　胡長青

社　　址　濟南市市中區舜耕路517號

郵　　編　250003

電　　話　總編室（0531）82098914

市場部（0531）82098027

網　　址　http://www.sd-book.com.cn

印　　裝　山東華立印務有限公司

經　　銷　新華書店

規　　格　16開（160mm×240mm）

印　　張　41.5

字　　數　332千字

版　　次　2024年3月第1版

印　　次　2024年3月第1次

ISBN 978-7-209-14321-9

定　　價　99.00圓（全二冊）

《儒典》選刊工作團隊

學術顧問　杜澤遜　李振聚　徐　泳

項目統籌　胡長青

責任編輯　劉　晨　劉嬌嬌　張艷艷

　　　　　吕士遠　趙　菲　劉一星

前言

中國是一個文明古國、文化大國，中華文化源遠流長，博大精深。在中國歷史上影響較大的是孔子創立的儒家思想，因此整理儒家經典、注解儒家經典，爲儒家經典的現代化闡釋提供权威、典范、精粹的典籍文本，是推進中華優秀傳統文化創造性轉化、創新性發展的奠基性工作和重要任務。

中國經學史是中國學術史的核心，歷史上創造的文本方面和經解方面的輝煌成果，大量失傳了。西漢是經學的第一個興盛期，除了當時非主流的《詩經》毛傳以外，其他經師的注釋後來全部失傳了。東漢的經解衹有鄭玄、何休等少數人的著作留存下來，其餘也大都失傳了。南北朝至隋朝興盛的義疏之學，其成果僅有皇侃《論語疏》幸存於日本。五代時期精心校刻的《九經》、北宋時期國子監重刻的《九經》以及校刻的單疏本，也全部失傳。南宋國子監刻的單疏本，我國僅存《周易正義》、《爾雅疏》、《春秋公羊疏》（三十卷殘存七卷）、《春秋穀梁疏》（十二卷殘存七卷），日本保存了《尚書正義》、《毛詩正義》、《禮記正義》（七十卷殘存八卷）、《周禮疏》（日本傳抄本）、《春秋公羊疏》（日本傳抄本）、《春秋正義》（日本傳抄本）。南宋兩浙東路茶鹽司刻八行本，我國保存下來的有《周禮疏》、《禮記正義》、《春秋左傳正義》（紹興府刻）、《論語注疏解經》（二十卷殘存十卷）、《孟子注疏解經》（存臺北『故宫』），日本保存有《周易注疏》《尚書正義》（凡兩部，其中一部被清楊守敬購歸）。南宋福建刻十行本，我國僅存《春秋穀梁注疏》、《春秋左傳注疏》（六十卷，一半在大陸，一半在臺灣），日本保存有《毛詩注疏》《春秋左傳注疏》。從這些情況可以看出，經書代表性的早期注釋和早期版本國内失傳嚴重，有的僅保存在東鄰日本。

鑒於這樣的現實，一百多年來我國學術界、出版界努力搜集影印了多種珍貴版本，但是在系統性、全面性和準確性方面都還存在一定的差距。例如唐代開成石經共十二部經典，石碑在明代嘉靖年間地震中受到損害，明代萬曆初年西安府學等學校師生曾把損失的文字補刻在另外的小石上，立於唐碑之旁。近年影印出版唐石經拓本多次，都是以唐代石刻與明代補刻割裂配補的裱本爲底本。由於明代補刻采用的是唐碑的字形，這種配補本難以區分唐刻與明代補刻，不便使用，亟需單獨影印唐碑拓本。

爲把幸存於世的、具有代表性的早期經解成果以及早期經典文本收集起來，系統地影印出版，我們規劃了《儒典》編纂出版項目。

《儒典》出版後受到文化學術界廣泛關注和好評，爲了滿足廣大讀者的需求，現陸續出版平裝單行本。共收録一百十一種元典，共計三百九十七册，收録底本大體可分爲八個系列：經注本（以開成石經、宋刊本爲主。開成石經僅有經文，無注，但它是用經注本删去注文形成的）、經注附釋文本、纂圖互注本、單疏本、八行本、十行本、宋元人經注系列、明清人經注系列。

《儒典》是王志民、杜澤遜先生主編的。本次出版單行本，特請杜澤遜、李振聚、徐泳先生幫助酌定選目。特此説明。

二〇二四年二月二十八日

目録

第一册

第二册

所學精深融貫要在一而能通示人專事
內而不外非直探本原者能之乎要之蘋
即事以明理楊泝源以該流譬之蘋如樝
梨橘柚雜陳而皆適於口楊則即一樝梨橘
　　樝梨橘柚之類者皆可推而味
　　令易求其有補於學楊

楊氏始因象山先生舉扇

本心遂悟所學乃撰為易傳于

乾有曰君子自強不息者即天行之健也

非天行之健在彼而君子效之於此也又

曰子思不曰誠者自誠而曰自成是於誠

實之外復起自成之意失其誠矣斯語也

亦猶是心也唯是健不必效而誠不必成
或疑允若茲是人皆天也不必復盖以人
力也不幾於溺人以虛乎然善語道者必
反其本善察言者必抉其要慈湖先生嘗
云少讀易大傳唯喪無思也無為也寂然
不動感而遂通天下之故故其傳盖則以

善之不能為過之難改皆始于意〻本於我知我本無體復何遷而何改傳震又曰人唯知恐懼脩省學者事耳謂易道精微不在是持是見者不惟不知易亦不知恐懼脩省夫曰不能為曰難改曰恐懼脩省則何嘗不責人之致力特其所以致者在

何思何慮而不失其宗然者耳蓋用力於其本而不泛用者也譬之操舟者然順流帆風楫櫂隨之瞬息千里是不操之操々更力再肅可以無[illegible]之迍遂謂其不操舟也審然者不惟益易且益學者哉吁此與穫傳均易之羽翼也顧湮沒久矣待三君

而始傳信大寶之顯晦有時哉然一時並

顯而三君与諸同官之志於易及易道之

益明可覩矣獨愧余莫為倡其獨無入山

舍玉之懼乎茲叙也拜以自勗去

乙未上月人日

南京吏部尚書蔡國珍書

楊氏易傳卷之一

宋寶謨閣學士慈谿楊簡敬仲　著

明　後　學廬陵劉日升

豫章陳道亨　校

漳浦林汝詔

豫章饒　伸　仝校

今易經乃漢費氏所傳古文而不立於學者劉向以中古文易校施孟梁丘經或脫去無咎悔亡惟費氏經與古文同漢藝文志易經十二篇謂上經下經彖大象小象乾文言坤文言上繫下繫說卦序卦雜卦晁氏云老

儒謂費直專以彖象文言參觧易爻以彖象文言雜入卦中者自費氏始不然則其徒陳元鄭康成之爲歟孔頴達謂詞輔之意象本釋經宜相附近分爻之象辭各附當爻則費氏初變亂古制時猶今乾卦彖象繫卦之末歟夏后氏之易曰連山連山者以重艮爲首商人之易曰歸藏歸藏者以重坤爲首周人之意曰以重乾爲首周禮大卜之官曰其經卦皆八其别皆六十有四則卦之重也久矣先儒謂文王重之非也孔子之時歸藏之意猶存故曰之宋而得坤乾焉於戲至哉合三易而觀之而後八卦之妙大易之用混然一貫之道昭昭於

天下矣而諸儒言易率以乾爲大坤次之震坎艮巽離兊又次之噫嘻末矣易者一也一者易之一也其純一者名之曰乾其純一一者名之曰坤其一一雜者名之曰震坎艮巽離兊其實皆易之異名初無本末精粗大小之殊也故孔子曰吾道一以貫之子思亦曰天地之道其爲物不二八卦者易道之變也而六十四卦者又變化中之變化也物有大小道無大小德有優劣道無優劣其心通者洞見天地人物盡在吾性量之中而天地人物之變化皆吾性之變化尚何本末精粗大小之間雖說卦有父母六子之稱其道未嘗不一大傳曰百姓

日用而不知知君子小人之所日用者亦一也惟有知不知之分

䷀乾下乾上乾元亨利貞初九潛龍勿用九二見龍在田利見大人九三君子終日乾乾夕惕若厲无咎九四或躍在淵无咎九五飛龍在天利見大人上九亢龍有悔用九見群龍无首吉

夫道一而已矣三才一萬物一萬事一萬理一唐虞之三事曰正德曰利用曰厚生厚生者養生之事利用者器用於人爲利是二者皆有正德焉故大禹謨曰正德利用厚生惟和和同也卜筮者民之利用聖人繫之辭

因明人之道心是謂正德人心即道故舜曰道心孔子曰夫易聖人所以崇德而廣業也知崇禮卑崇效天卑法地天地設位而易行乎其中矣明三才皆易之道崇廣效法盖以人心未能皆悟本一之妙姑因情立言曰效法而進至於果與天地相似無間則自信其本一矣此心人所同有故易之道亦人所日用上繫曰百姓日用而不知惟其不知故背吉趨凶大哉易乎天之所以高明者此地之所以博厚者此人之所以位乎兩者之間與夫萬物之所以生生而不窮者又此三才中萬變萬化至於不可勝紀無非此某之所以聽者此某之所

以說講與今在堂之人所以聽者亦此所以事親者此所以事君者此所以事長者此所以臨下所以使民所以應酬萬端皆此誰能出不由戸何莫由乎此包犧氏深明乎此既不能言又欲以明示斯世與萬世而無以形容之乃畫而爲一於戲庶幾乎近似之矣是可畫而不可言可言而不可議但覺其一而不二一而能通夫孰得而測識又孰得而究窮必三畫而成卦者明乎所以爲天者此也所以爲人者此也所以爲地者此也是爲三也聖人又欲以發明其道繫之以辭曰乾言乎此至健至剛亘萬古而未嘗息也然則坤何以一清濁未

分混然而已迨乎重濁嚴凝而後淸濁始分而爲二然所以爲淸者此也所以爲濁者亦此也坤者兩畫之乾乾者一畫之坤也子思曰天地之道其爲物不二乾彖曰大哉乾元萬物資始乃統天繼言品物流形各正性命則地之所以發生萬物者盡在其中矣今爲渾天之說者地在天中則合天地一体而已矣但因重濁故言地因卑故言妻言臣有尊有卑有淸有濁淸陽濁陰君臣夫婦未嘗不兩故坤必二坤者兩畫之乾非乾道之外復有坤道也故曰明此以南面堯之所以爲君也明此以北面舜之所以爲臣也難者曰乾坤之道果一則

彖何以有大哉至哉之分應之曰大哉至哉所以致君臣之辨所以辨上下之分而坤爻又曰直方大又曰以大終也是坤亦未嘗不大于以明乾坤之實未始不一也不然則孔子何以曰予一以貫之中庸何以曰天地之道其爲物不二天地與人貌象不同而无二道也五行萬化變態不同而無二道也坤者乾之耦者也震坎艮巽離兌乾之變錯者也無二乾也一言之謂之乾兩言之謂之坤八言之謂八卦又别而言之謂之六十四卦又謂之三百八十四爻又謂之萬有一千五百二十又謂之無窮皆此物也三畫之卦何以重爲六天有陰

陽地有剛柔人有仁義未嘗不兩也皆此道之變化也變化云爲清明有常謂之仁其間咸得其宜謂之義其節謂之禮其和謂之樂其知謂之智言乎其徤謂之乾言乎其動謂之震言乎其入謂之巽言乎其陷謂之坎言乎其麗謂之離言乎其止謂之艮言乎其說謂之兊言乎其屯邅謂之屯言乎其始生而蒙謂之蒙其變無窮其言亦無窮皆此一也言乎此不可以加毫髮焉不可以損毫髮焉謂之中言乎此不可以人爲參焉謂之天言乎其變化不可測度謂之神其得謂之吉其失謂之凶其補過謂之無咎其始謂之元其通謂之亨其利

謂之利其正謂之貞其在乾之爻則謂之九其在坤之爻則謂之六乾何以九坤何以六一二三四五三天數之一三五是爲九兩地數之二四是爲六也是五行之生數也天地之本數也五行者此一之變化見於水火木金土者也無二道也故所以用九者此道也所以用六者此道也九爲陽爲剛六爲陰爲柔陰陽剛柔雖不同而用則一也能用九而不爲九所用故在下則能潛不爲陽剛所使不爲才智所使而能勿用能用九而不爲九所用故在二則能見不過而躍又不固而潛能善乎世而人皆利見之能用九而不爲九所用故在三則

乾乾能惕故雖危厲而無咎能用九而不爲九所用故在四或躍而不敢必於進或之者疑之也淵者退處之所也故無咎能用九而不爲九所用故在五則能飛能使天下利見而致大人之德業惟上九不能用九而爲九所用爲陽剛所使故以貴高自居而不通下情故動則有悔若大有之上九亦上九也而能用九不爲九所用故自天祐之吉無不利大有之上九乃取超然乎萬物之上之象所謂舜禹有天下而不與焉故吉乾之上九則取剛過之象故亢而有悔龍神物變化不測濡澤博施有聖王之象孔子曰古之治天下者必聖人而後

足以君天下故乾爻皆取龍象大人即聖人故二五咸言天下之利見其有居二五之位而天下有不利見之者非大人也皆尊仰之之謂見皆蒙其澤之謂利周公係爻辭孔子作象辭而或曰大或曰至一也用九之道雖發見於諸爻諸陽而不見其爲首不見其爲首者已私不形意慮不作洞然自然不見其首也意慮微作則爲私爲巳好剛好進安得不爲首所謂用九凡百九十二爻之九皆同此用也舉一而知百九十一也舉一而知萬也坤之用六亦同此也乾坤之名不同而用則無二也故曰通乎一萬事畢右釋卦爻雖則云然所筮事

情不可勝紀其應萬變不可執一厥後卦爻皆然神應切中占者自知

彖曰大哉乾元萬物資始乃統天雲行雨施品物流形大明終始六位時成時乘六龍以御天乾道變化各正性命保合大和乃利貞首出庶物萬國咸寧

筮而得乾之卦者君也父也夫也聖人也或進於聖人之道者孔子作乾彖雖多言天然孔子專意明人之道心使專言天而不及人則何以明道垂教爲無益之辭矣當先明孔子斯旨孔子欲使爲君爲父爲夫者或進於聖人之道者觀之曰吾得斯卦果大乎果元乎果萬

物之所資始乎果能統天乎雲行雨施品物流形果吾之道乎終始六位乘龍變化物物皆正性命合大和果吾之所有乎天乾即吾之剛健中正者也豈獨天有之吾無之孔子欲無言以天何言哉四時行焉百物生焉爲比上繫曰與天地相似又曰範圍天地曲成萬物中庸曰聖人之道發育萬物三才一萬理一自孔子曰乾坤其易之門邪學者遂謂易大而乾坤小誤矣周易乾坤爲首有天地然後萬物生焉易道於是乎出生無窮故曰門非謂易與乾坤異體也名稱不同爾自其統括無外運行無息言之故曰乾自其勢專而博厚承天而

發生言之故曰坤推窮其本始故曰元又言其亨通故曰亨又言其安利故曰利又言其正非邪故曰貞總言變化而無窮故曰易非乾自乾坤自坤元自元亨自亨利自利貞自貞也一體而殊稱也一物而殊名也夫三才混然一而已矣何爲乎必推言其本始也民生喚喚安知易道氣雖即道人惟知氣而不知道形雖即道人惟覩形而不覩道事雖即道人惟見事而不見道聖人於是乎不得不推窮其始而有元之名且天行之所以剛健運化而無息者其行其化何從而始乎始吾不得而知也始吾不得而思也無聲無臭不識不知無思無

爲我自有之其曰大哉乾元所以指學者明道之路也知始則知終矣知本則知末矣始終一物也本末一致也事理一貫也非事外有理也非理外有事也曰事曰理曰本曰末曰始曰終皆常人自分裂之自立是名君子不得而驟遣之亦姑從而爲是言也明者自以爲本一也不明者自以爲實不可一也人自不一易之道本無方無体無限量無所窮盡謂之曰大哉是宜曰大哉是故萬物之所資之以始者也是固足以統括乎天者也物即乾元而曰物之元以始者以人滯於物導人思其所始於是而忽覺焉則乾在我矣無所不通矣天即

乾元統乎天者亦以人執乎天故導人使因天而思其所以統之者於是而忽覺焉則天在我矣雲之所以行者我也雨之所以施者我也而人不自知是亦可言亨也而貫之曰乾元者元即亨之始亨即元之發一体而殊名曰元曰亨無不可者貫之曰乾元所以明四德之一致也有乾則有事物有終始亦有始終初始也上終也天道之始陽氣潛藏天道之終至於六陽與時偕極人道之始潛而勿用人道之終亢而有悔則昏不亢無悔則明六位於是隨時而成是爲六爻乾道天象變化曰龍六爻曰六龍乾元秉氣不爲氣所秉龍陽物君体

能用陽剛所用乘時變化非思非爲各正性命物物皆妙感者自離不離爲合爲保爲和爲利爲貞使其本不一何以能和使其本不一何以能合物各得其時事各得其宜用得其利氣致其和是謂利是道至正是道非邪是爲真道之正者无不利用之利者無不正故利即貞貞即利利貞即元亨夫道一而已矣是道超出乎萬物之表故曰首出庶物是道能致萬國咸安寧故曰萬國咸寧首出庶物似言天萬國咸寧似言人學者觀之疑不可聯言合而言之所以明天人一致使學者不得而兩之知天人之本一則知乾矣彖既釋卦辭又特發

此旨聖人之致教深也屯之天造草昧宜建侯言人合
而一之亦明天人之一致
象曰天行健君子以自強不息
君子之所以自強不息者即天行之健也非天行之健
在彼而君子倣之於此也天人未始不一也孔子發憤
忘食學而不厭孔子非取之外也發憤乃孔子自發憤
學乃孔子自學忘食不厭即孔子之自強不息此不可
以言語觧也不可以思慮得也故孔子曰天下何思何
慮孟子亦曰人之所不學而能者其良能也所不慮而
知者其良知也孩提之童無不知愛其親者及其長也

無不知敬其兄者今夫人之良心愛親敬兄事君事長惻隱羞惡恭敬是非仁義禮智迭出互用變化云爲此豈學而能慮而知哉子思曰誠者自成也而道自道也亦頗得此旨然猶未得其真何以知其未得其真不曰誠者自誠而曰自成是猶有成之意是於誠實之外復起自成之意失其誠矣故子思之中庸篇多至誠於誠之上加至一言亦復其意不如孔子曰主忠信忠信即人主本大戴記孔子之言謂忠信大道何深何淺何精何粗微起思慮即失其忠信矣即失其本心矣子思蓋習聞孔子之訓而差者也大道簡易人心即道人不自

明其心不明其心而外求焉故失之孔子曰爲人由己而由人乎哉又曰克己復禮爲仁能己復固有之禮則仁矣皆非求之外者孔子又嘗告子思心之精神是謂聖明乎此心之未始不善未始不神未始或息則乾道在我矣不曰乾而曰健者所以破人心之定見使人知夫乾者特一時始爲之名而初未嘗有定名也故又曰健八卦皆然六十四卦亦然即一可以知百也

潛龍勿用陽在下也

人之所以不能安於下而多有進用之意者動於意而失其本心也人之本心至神至明與天地爲一方陽氣

在下陽氣寂然安於下未嘗動也人能如陽氣之在下寂然無進動之意則與天地爲一不失其心矣是之謂得易之道不能安於潛而有欲用之意者必獲咎厲必凶是謂失易之道

見龍在田德施普也

九二居下卦之中亦得位矣雖非尊位亦可以見諸施行可以及物然人心於此逐乎物而擾擾者多矣其能發於德者有幾有德之施安止而自應如天地之施生四時之變化斯爲德之施斯普是謂龍德是謂得乎易之道

終日乾乾反覆道也

乾乾皆道反覆皆道也君子終日乾乾至於夕而猶然亦皆道也喜怒哀懼皆道心之妙用彼百姓日用而不知者因物有遷則其恐懼必至於交攝上下反覆必至於擾擾豈能如四時之錯行如日月之代明未可謂之得易之道

或躍在淵進无咎也

人皆欲進惟得道者未嘗有欲進之心人之本心是謂道心道心無體非血氣澄然如太虛隨感而應如四時之變化故當躍斯躍當疑斯疑無必進之心故雖躍而

未離於淵故舜之歷試也已爲衆望之所歸已爲帝心之所屬而舜從容於其間鼓琴二女侍若固有之舜心未嘗動毫髮意念也故讓於德弗嗣未嘗有必進之心此非爲讓也如此而往何咎之有故曰進無咎或躍在淵非道心之已明者不能苟惟不然其心微動人已不服觸物違道凶咎立至

飛龍在天大人造也

孔子曰古人有天下者必聖蓋天地之間凡血氣心知之屬羣分類聚各有所欲其勢必至於爭爭而不已必至於相傷其甚者至於相殺相亂其勢必相與爲公以

求决於公明之人所是所至各有所主長至於其所主長者又不能無彼此之爭疆理之訟於是又求决於尤公尤明之人於是乎有國君而諸是君苟未至於聖則亦莫能相尚其久也不能无事其繼世不能皆賢以不能皆賢不能無爭之君而相與比鄰其勢必至於爭不已而相爭相伐於是又相與爲公推其有大聖之德者共尊事之爲大君立爲天子然則非聖人則不足以當此位曰大人造者言此大人之所造爲非大人則不足以有爲大人者聖人之異名

亢龍有悔盈不可久也

大道正中無過不及亢龍過之焉可久也月盈則食寒暑則衰天道不能違而況人乎

用九天德不可爲首也

九陽剛之物也崇高之位陽剛之才皆九也人皆爲位勢所移爲資才所使是爲九所用不能用九者是爲天德能用九者中虛無我何思何慮是謂本心是謂天德意動則爲首則有我是謂人而非天非易之道

文言曰元者善之長也亨者嘉之會也利者義之和也貞者事之幹也君子體仁足以長人嘉會足以合禮利物足以和義貞固足以幹事君子行此四德者故曰乾元亨利

貞

歐陽子謂此魯穆姜之言遂謂文言皆非聖人之言則過矣穆姜雖大惡而其言之或合乎道則聖人不以人廢言今惟當以正道斷之謂元爲善則無害謂爲善之長則害道道一而已矣元亨利貞雖四而實一聖人患人之昏昏無從啓之姑使究原本始使知變化云爲之所自出則知無所不通之道矣故彖舉其大體曰乾元非謂元異乎亨與利與貞也今謂元爲善之本則可枝葉皆生乎根本今謂之長則截然與次少異體即害道矣故當如下言乾元者始而亨者也此得於聖人之誨

乎會通而嘉則善矣與物會而不善焉何能亨利者義之和合失義則害隨之矣何以能利貞正也事以正成故曰事之幹孟子曰仁人心也君子覺此心思之所自出則乾元在我矣彼百姓日用而不知爾不必言體仁長人之病生於善長君子先覺我心之所同然君子先覺衆人後覺爾君子所以與物會通者無非此心之誠故誠敬之有節文者世謂之禮故曰合禮自與禮文合非求合也求合者僞而已矣非吾心之禮也君子致利利物而已利物而公无非義貞而不固事未必濟貞固不變斯足幹事言其不邪謂之正言其和義謂之利言

其嘉會謂之亨推其本始謂之元名四而實一此言四德辭旨分裂至於言君子行此四德故曰乾元亨利貞則天人一道此一得諸聖人者歟

初九曰潛龍勿用何謂也子曰龍德而隱者也不易乎世不成乎名遯世无悶不見是而无悶樂則行之憂則違之確乎其不可拔潛龍也

龍德君德也有君德而在隱是謂潛龍身在乎潛是天命在潛則義當潛而不當見也雖大亂不爲世所變易而輕動其心以出不使名學之著雖遯世屏處而無悶心雖不見是於世亦無悶心樂則行之時忽變而可行

則行可以行道及物樂矣非私樂也憂則違之於時終不可行終不見是不見知則與世相違道不可行世亂可憂非私憂也確乎其不可拔非作意固守也義不可行而止而人以爲不可拔也苟作意而守其守必不固不作意而惟意之從則可拔貞不可拔矣夫是之謂易之道夫是之謂潛龍之道

九二見龍在田利見大人何謂也子曰龍德而正中者也庸言之信庸行之謹閑邪存其誠善世而不伐德博而化易曰見龍在田利見大人君德也

龍德一也在初則言其隱在二則言其正中隨爻象所

著而言之非謂潛龍無正中之德也二言其記録之差歟攷古志記同而微異者見記者之一得一失屢驗之此二居下卦之中於是乎發正中之義正不邪中不偏乃道之異名天道甚邇不離乎庸常日用之間庸言而不至於失信庸行而不至於失謹起意皆爲邪邪不作是爲閑邪誠信也忠信之心即道心人心即道惟日用或有邪思亂之故足以敗其誠心邪閑則誠存矣九二既出而見於世故有善世之功不伐者私意不作故也有功而伐皆因意念之動動斯思邪矣斯伐矣德博斯化不博不化德性未始不博何思何慮何際何畔意動

則窒則蔽則不博矣意動則伐矣人將不服何以能化德博而化君德斯著於是申言之非謂潛龍无君德也庸行不必作去聲凡平常微有行動即謂之庸行如此則無斯須放逸矣

九三曰君子終日乾乾夕惕若厲无咎何謂也子曰君子進德脩業忠信所以進德也脩辭立其誠所以居業也知至至之可與幾也知終終之可與存義也是故居上位而不驕在下位而不憂故乾乾因其時而惕雖危无咎矣

九三居下卦之上進之象焉故發進德之義已有德矣自此而往當何如忠信而已不可復有所加也忠信者

本心之常即道心也孔子曰主忠信明乎忠信即主本苟於忠信誠實之中而微動其意焉則爲支爲離爲陷爲溺爲昏爲亂誠能不失本心之忠信如文王之不識不知無非帝則如孔子之無知也而萬善自備今人乍見孺子將入井自然有惻隱之心其見非義自然有羞惡之心其事尊上與賓客自然有恭敬之心其不敢侮鰥寡不敢失於臣妾亦自然有敬心其餘應酬萬物自然知其爲是爲非是是非非是爲智恭敬是爲禮羞惡是爲義惻隱是爲仁與夫動靜云爲變化萬端無非萬善不學而能不慮而知進德如此皆忠信而已矣何者

忠信者道心也道心無所不通無所不有德之見於應物行事者謂之業應酬交錯無情萬變相刃相靡君子居其間順物狥情造次發語往往隨世隨流不無文飾私曲不無失信世俗習以爲常以爲不得不如此不如此將取禍若此情僞古今同情不知其慚竊忠信君子於是有脩辭使不至於忤物又不至於失信於交錯應酬擾擾萬變之中而忠信純一無間無雜則無非德業不至於隳敗矣故曰居業居有安居不動之義若出入情僞豈不岌岌不保其不敗也進德脩業此萬世之通患不可不講表記曰君子不以口譽人則民作忠又曰

口惠而實不至怨菑及其身小雅曰盜言孔甘九三下卦之極上下之際乾德居之卦三猶臣體四則有君體矣方其在三知其可至而至之名曰知幾知其可終而終之名曰存義一也惟義所在君子無適莫也至則堯舜禹終則伊周舜視天下如敝屣顔子簞食瓢飲而樂以崇高富貴徼動其心者君子耻之是故居上位而不驕在下位而不憂其乾乾乃其未始有荒怠其惕乃其因時之危而惕皆應酬變化如四時之錯行如日月之代明如此此則雖處危疑之地何咎厲之有

九四曰或躍在淵无咎何謂也子曰上下无常非爲邪也

進退无恒非離群也君子進德脩業欲及時也故无咎

以爲上則非君以爲下則非臣故曰上下無常此非常之位也然而未嘗有邪心恒久也進退不久此非久處之地其進其退亦無離群之心無思無爲寂然不動感而遂通苟有離群而進之心是動於思爲爲邪爲咎君子進德脩業應時而動當進而不進是爲失時亦爲失道如四時之錯行如日月之代明斯爲乾道斯爲易道

九五曰飛龍在天利見大人何謂也子曰同聲相應同氣相求水流濕火就燥雲從龍風從虎聖人作而萬物覩本乎天者親上本乎地者親下則各從其類也

三才雖同体而其同類者相應無違日月星辰此天之類故常親附乎天山川草木此地之類故常親附於地人居天地之間凡血氣生之屬皆其同類者所患聖人不作耳聖人作則萬物感應作而物不應者非聖人歟也故君子不可求諸外當反求諸巳其身正而天下歸之矣衰世之君往往率求諸人多方設術以治之而人愈不服孔子深察斯情故諄諄設喻重復言之所以明聖人作則物無不應人君必求諸巳不可求諸外也不可罪民之頑而不可化也不可嘆當世之乏才共理也有聖賢之臣何世不生才惟聖知聖惟賢知聖

上九曰亢龍有悔何謂也子曰貴而无位高而无民賢人在下位而无輔是以動而有悔也

亢龍君德之失也惟聖罔念作狂聖狂之分一念之間耳唐虞之際君臣相與警戒規正何嘗敢有自足自聖之意恃其聰明睿知而自以爲足不復詢謀於衆忽畧愚賤則動必有悔孔子推言至於無位無民無輔欲其無忽也本章雖言知進不知退知存不知亡猶以聖人爲言則知此爻所以明聖賢之過所以止言有悔

潛龍勿用下也見龍在田時舍也終日乾乾行事也或躍在淵自試也飛龍在天上治也亢龍有悔窮之災也乾元

用九天下治也

潛龍勿用見龍在田隨在而有所安舍也時在下之位故也飛龍在天在上而治天下也曰下曰時舍曰行曰自試曰上治靜觀辭氣無非隨時泛應虛中無我五爻之辭不同而一旨也亢龍有悔窮之災也亢亦無非道者此易道之災者也乾元用九天下治也非乾元則豈能用九而不爲九所用能用九則無思無爲如日月之照臨如水鑑之燭物隨時而應各當其所在初而潛在二而見在三而惕在四而躍在五而治在上而不亢故曰天下治也

潛龍勿用陽氣潛藏見龍在田天下文明終日乾乾與時偕行或躍在淵乾道乃革飛龍在天乃位乎天德亢龍有悔與時偕極乾元用九乃見天則

前皆言人事此多言天道陽氣之潛藏即人之潛隱勿用也天下文明萬物化生即君德之見也或者拘於配十二月之說或以九二爲丑月或以九二爲寅月丑月則斷無文明之狀寅則稍有文明之漸矣善讀易者正不必如此拘執配之於月乾道無所不統無所不通惟以天下文明明見龍之類爾與時偕行此言天人之合時者天也九三之乾乾行事亦隨其時而已矣亦不必

配月配月則牵彊拘執乾道乃革四升君体變之大者然不以此爲人事而非天道故曰乾道乃革謂乾道之變革也知天人之無二則可以與言易矣凡天道之有變即九四之或躍裂德與位而爲二則位非天位德非天德一以貫之曰位乎天德斯爲大易之道斯爲飛龍在天此非訓詁之所能觧也非智思之所能道也三才一体萬物一体悟曾子之皜皜則漸窺之矣悟孔子風雨霜露之無非教則知之矣與時偕極則雖處乎上之位而不亢矣一以貫之則人即時時即人隨時立言欲使讀者稍可曉則曰與時偕極與時偕行果能造此則

自一矣凡此皆所以明乾元用九之道潛見飛躍皆有其則不可亂也故曰乃見天則非人爲故曰天則苟曰人之所爲者必非天則

乾元者始而亨者也利貞者性情也乾始能以美利利天下不言所利大矣哉大哉乾乎剛健中正純粹精也六爻發揮旁通情也時乘六龍以御天也雲行雨施天下平也

至哉聖言非聖人豈能道此元亨利貞前既裂而四之矣今又合而一之與夫彖言乾元以統亨利貞之旨同也夫天地間安得有二道哉苟分元亨利貞以爲是四者而非一則亦安能知元亨利貞哉元曰亨曰利曰貞

如言金曰黄曰剛曰從革曰扣之有聲也豈有二金哉又如言玉曰白曰瑩曰潤曰扣之有聲也豈有二玉哉人能反求諸已默省神心之無體無方无所不通則曰元曰亨曰利曰貞曰一曰四皆所以發揮此心之妙用不知其爲四也歐陽子方疑其前後異同非出於一人之言正吾之所歎息以爲縱横皆妙者也性情者乾元之性情也元亨利貞皆性情也故又曰乾始能以美利利天下變元而曰始又通之於利則貞可知矣是道也何所不利儻曰利於此不利於彼利於一不利於十百千萬則何以謂之乾何以謂之易乾者易之異名元亨

利貞亦易之異名故又云元始與獨曰乾无不可者大哉乾乎剛健中正純粹精也此七德者非果有七體亦猶言玉之白瑩潤言金之黄剛革乾無體無則不可得而屈故曰剛有體則有息無體則無息無息故曰健今夫行之所以健而無息惟見日星之運轉爾初無天體之可執設有氣象亦無其形設有其形不睹其機天行若可睹其所以運不可睹此不睹者何所偏倚故曰中人惟動於意欲故有不正此不可睹者無思無爲故無不正故曰正人惟動於意欲故不純不粹不精此不可睹者無思無爲安得而不純不粹不精六爻皆所以發

揮潛見飛躍之正情也至於上之亢則情之邪者若夫正則與時皆極不爲亢矣使亢者能内省亢情之無體則乾元在我何亢之有時乘六龍以御天也龍與天若可睹乘而御之者何形之可睹雲行雨施天下平也此孰非乾道之變化也此孰非聖人之所發育也易曰範圍天地之化中庸曰聖人之道發育萬物此非空言也實説也

君子以成德爲行日可見之行也潛之爲言也隱而未見行而未成是以君子弗用也

潛有二義有巳德巳盛時未可行而潛者有德未成未

可以推而及人而潛者此言成德爲行日可見之行也德性雖内明而未能見之於行者有之日至月至皆有德者日至則寂然不動能行之一日一日之外不能無違月至則寂然不動行之一月一月之外不能無違不能無違則猶未足以盡精一之至則發諸容體見諸行事不無闕失未能動容周旋無不中禮凡此皆德隱而未著行而未成是以君子不敢遽用於世也

君子學以聚之問以辯之寬以居之仁以行之易曰見龍在田利見大人君德也

學不可以不博不博則偏則孤伯夷惟不博學故後雖

至於聖而偏於清柳下惠惟不博學故後雖至於聖而偏於和學以聚之無所不學也大畜曰君子以多識前言往行語曰君子博學於文學必有疑疑必問欲辯明其實也辯而果得其實則何患不寬何患不仁然聖人垂訓所以啓後人後人問辯未得其實而自以爲實者多矣故諄復而誨之誨之以寬則凡梏於己私執於小道者庶其有警孟子曰養而無害則塞乎天地之間此猶未足以盡寬之至大傳曰範圍天地之化庶乎其寬矣然此猶可以言而及可以言而及者猶有涯畔未足以盡寬之至孔子曰言不盡意孔子諄諄告門弟子曰

毋意又自謂吾有知乎哉無知也此非訓詁之所能解非心思之所及然則寬即仁仁即寬而聖人復言仁者人之學道固有造廣大之境未盡其妙而輒止溺於靜虛無發用之仁故子曰仁以行之如四時之錯行如雷電風雨之震動變化而後可以言仁未至於此則猶未可以言仁也九二正言君德故於此復詳言

九三重剛而不中上不在天下不在田故乾乾因其時而惕雖危无咎矣九四重剛而不中上不在天下不在田中不在人故或之或之者疑之也故无咎

在他卦重剛而不中必有凶而此則雖危疑而無咎者

乾乃聖人之德重剛則剛健之至德他人之重剛則爲剛過此之不中乃謂所居之位不中他人之不中爲德之不中隨卦象而見也上不在天下不在田皆非龍之正位故危之九四則升之上体故又曰中不在人故或之或之者疑之也惟其疑故無咎如不復疑而必於進則天下事固有不可必者方舜既歷試猶讓于德舜心如天地如太虛誠無意無必故天下咸服而無咎九三因其時而知之聖人於此亦未嘗曰吾如是而動也如四時之錯行如雷電之震動如水鑑之照物故曰因時而惕非心思之所及非訓詁之所解

夫大人者與天地合其德與日月合其明與四時合其序與鬼神合其吉凶先天而天弗違後天而奉天時天且弗違而况於人乎况於鬼神乎

九二在下之大人九五在上之大人大人者聖人之異名天下咸利見之何獨此二爻乾者聖人之象餘爻亦以乾欲明他義故不及之世皆睹大人之形不睹大人之神世皆知大人之思爲不知大人之思爲之神孔子曰心之精神是謂聖曰心曰精神雖有其名初無其體故曰神無方易無体非神自神易自易心自心也是三名皆有名而無体莫究厥始莫執厥中莫窮厥終天吾

之高地吾之厚日月吾之明四時吾之序鬼神吾之吉凶其謂之合也固宜其謂之弗違也又何疑故大傳亦曰範圍天地之化而不過曲成萬物而不遺

亢之爲言也知進而不知退知存而不知亡知得而不知喪其惟聖（王爾本作愚然以此句屬下文則亦通）人乎知進退存亡而不失其正者其唯聖人乎

爻象曰盈不可久其過尚小此所言其過大矣日月至明雲氣翳之卽失其明惟聖罔念卽可作狂故禹戒舜以無若丹朱傲西旅獻獒大保作書以戒武王深知聖狂不過一念之間禹曰安汝止深明微不安不止則動

而逐物物物蔽之而昏遂至於知進而不知退知存而不知亡知得而不知喪故古之聖人恐懼兢業常以克艱相規不敢怠荒也其有雖曉達事情亦或知進退存亡而不本於道心則不保其不流而入於邪惟聖明自四達道心不動故常不失正故兩言其惟聖人乎以發明之右所釋卦爻之義亦詳矣而子曰書不盡言簽者事情無窮卦爻所應亦隨事而變六十四卦三百八十四爻皆不可執

楊氏易傳卷之一

宋寶謨閣學士慈谿楊簡敬仲 著
明 後 學廬陵劉日升
豫章陳道亨 校
漳浦林汝詔
豫章饒 伸 仝校

䷁坤下坤上 坤元亨利牝馬之貞君子有攸往先迷後得主利西南得朋東北喪朋安貞吉彖曰至哉坤元萬物資生乃順承天坤厚載物德合无疆含弘光大品物咸亨牝馬地類行地无疆柔順利貞君子攸行先迷失道後順得常西

南得朋乃與類行東北喪朋乃終有慶安貞之吉應地无疆

乾坤之道一也分陰陽而言之則乾爲天爲君爲父爲夫坤爲地爲臣爲母爲妻傳曰明此以南面堯之所以爲君也明此以北面舜之所以爲臣也天地一氣乾坤一道推本而言謂之元即乾元也而有至哉大哉之異稱者姑以此著君臣夫婦之辨其實一也坤畫即乾畫之兩者耳未見其爲異也所謂乾之一畫亦非乾果有此象象也者象也姑以象夫易道混淪一貫之妙而已所謂乾者如此所謂坤者亦如此至哉者極至之稱乾

亦可以言至坤亦可以言大彖曰含弘光大六二直方大用六永貞以大終也中庸曰天地之道其爲物不二萬物自何而生雖曰因地而生未芽未甲物安在哉是謂元物生於地既於地矣地形在下其勢承天乃順承天乃者有所因之辭乾坤雖一天體至大無所不統故乾彖曰乃統天地在天中勢卑而承天因其卑而承天故彖曰乃順承天于以明乾坤之道一因形發用是謂並行而不相悖坤厚載物地厚載物也惟坤以道言地以形言其實一也道即形形即道無疆之形即無疆之德惟坤以德言地以形言人言有二易道則一故曰德

合無疆地廣無疆萬物化生妙不可言孔子曰地載神氣神氣風霆流行庶物露生無非教也孔子以此教學者故其言精易之彖辭孔子以教筮者故其言顯因人心以爲二故合之教亦多術矣易本占筮之書古神聖之設教知空言難以告人因民生之所利用因致其教因以發神明之德因以通萬物之情書曰水火金木土穀惟脩正德利用厚生惟和是謂六府三事所謂利用即范金合土刳木剡木之類所謂厚生即水火穀足以養生之類凡皆生民之所日用聖人因其日用而致正德之教使五十者衣帛七十者食肉之類皆因厚生而

教以正德器有常制不苟不侈之類皆因利用而教以正德至於易簞而教以正德五帝三王所以致化之速者因民生日用教之也周衰此教隳矣而况於秦漢而下乎坤元無所不含藏豈不甚弘萬化廣生光言其如日月之光凡光雖及物而無所思爲此言坤德以明人心一貫之妙易多言光曰輝光曰不習無不利地道光也曰光亨曰光明皆所以明道品物咸亨無非妙者林林皆妙職職皆元牝馬地類行地無疆牝則乖矣雖強必疆臣道妻道順正而行柔順而貞其利無疆柔而不貞爲囘爲邪爲諛爲懦君子不行君先臣後夫先妻後

當後而先爲迷迷爲失道君爲臣之主夫爲妻之主後而得主利莫大焉君臣之分夫婦之序是爲天秩是爲天常坤後爲順是爲得常得常則利失常則害是常非粗是常即道萬世攸行西南得朋乃與類行巽離坤兑皆陰卦也是爲陰類東北之卦乾坎艮震皆陽類也故曰喪朋女舍其陰類而從夫之陽臣舍其私朋而從君之陽雖失其朋乃終有慶安正則吉失正則凶無非道者正則爲利爲吉邪則爲凶得此道則安則正正而不安於道猶失禹曰安汝止人之本心是謂道心本正正無實体以不動名動斯不安安必至失正妻不安正必凶

臣不安正必凶地之所以博厚無疆者以其安正也寂然不動非安乎不動而順非正乎惟其安正是以無疆即其無疆知其安正大抵道之正者自然廣大自然無疆故曰安貞之吉應地無疆人之安貞即地之安貞地之無疆即人之無疆三才之名之形不同三才之道之實同人之自視其安正未能與地爲一者猶未可以言安正也自視未能與地之無疆相應爲一者亦未可以言安正也安貞之吉似言人應地無疆似言地而聖人合而言之正以明三才之一致亦猶乾彖言首出庶物萬國咸寧也樸尚書曰牝馬最貞既從牝矣他牝欲犯之輙踶齧不可近蓋得之牧者云

象曰地勢坤君子以厚德載物

地勢在下其勢卑順故曰地勢坤君子以德博厚無疆無所不載爲物所動者不足以言載物不足以言厚德君子之載物非作意勉強以順承之也非作意勉強爲是不動也君子中虛心實無疆無疆則何所不容何所不載彼爲物所動者妄立已私妄守塊然之意是塊然者與物爲伍旣已與物爲伍矣則安得不動無以順適吾意則動有以拂亂吾意則動恐懾疑惑膠擾阻鬱千態萬狀且將爲物所載矣尚安得而載物乎君子之厚德即坤之厚德有毫髮之異者終不足以言厚德

初六履霜堅冰至象曰履霜堅冰或曰衍此堅冰字陰始凝也馴致其道至堅冰也

陽爲君子陰爲小人陽爲善陰爲惡惡之始萌戒不可長消消不塞將成江河纖纖不伐將尋斧柯禹曰安汝止安止則不動則不萌矣臯陶曰兢兢業業一日二日萬幾幾微也念慮之始也或者謂萬幾萬物後世多事尚不至於一二日而有萬事而况於唐虞之際乎念慮則有之矣兢兢業業是爲篤敬幾有善惡敬則幾善不敬則幾惡智者於履霜而知堅冰之將至故兢業愚者則曰未必至此故卒罹其禍君子以此治已以此治人

六二直方大不習无不利象曰六二之動直以方也不習无不利地道光也

直者直而已不曲而已不必求之遠也方者如物之方不可轉移而已不必求之遠也曰直曰方皆所以形容道心之言非有二理也此道甚大故曰直方大此道乃人心之所自有不假脩習而得人之本心惟有虚名初無實体自神自明自中自正自直自方自廣自大變化云爲隨處皆妙象辭以動爲言者蓋動乃驗其實彼學者獨居浄處爲得静止之味者未足以驗得道之實也於應酬交錯而自得其妙焉斯足以驗其實於應酬萬

變而未嘗不直不方者斯爲得坤之道矣然則此豈循

習之所能到雖然道則然矣不至於得至動之妙固不

足以言得道矣而有學焉道雖已明動雖已妙雖已著

不習之實而猶有故習未克頓釋故孔子十五志學至

三十方立至四十不惑五十方知天命六十方耳順尚

須學習習者習此不習之道也習未精純雖善未備精

而忘習斯無不利至於此則地道在我矣神用發光如

四時之錯行如日月之代明無思無爲變化皆妙地道

之光如此人道之光如此六二正居下卦之中於是發

明坤道之正

六三含章可貞或從王事无成有終象曰含章可貞以時發也或從王事知光大也

三爲陽陽有章之象六爲陰陰有含藏之象爻著此象聖人於是發此義臣之盡言於君含章疑其非道然臣不可以自用用之者君爾用臣之言取臣之章皆自其君匪由乎臣是故臣道當盡其終不當專其事君不可輔則當去可輔則當順事雖有忠臣懷不能自已之心至於專成犯禮非易之道也道心中虛無体無我無適無莫惟義之從不能含章而喜於出已之長者已私實作之也道心不如是也或者往往疑含章非正故聖人

教之曰可貞貞正也可者通上下之辭含章而盡道即正矣其有未盡者故以可爲言此蓋言之法也含章亦非專於含藏時可發則發未可發則含藏無意無必無我或之爲言無必之辭也無成無終亦不可也無成有終臣之道也天始地終君始臣終道之常也彼己私之不能忘好自以爲功自以爲能往往以或從無成爲懾懾卑小故聖人正之曰此乃所以爲智光大也聖人所以明易之道也聖人每言光曰堯光宅天下曰文王耿光周公光於上下易曰光大曰光明曰輝光曰君子之光皆所以明乎道心不作乎意無思無爲而萬理自昭

也苟失乎此動乎意必昏必差

六四括囊无咎无譽象曰括囊无咎愼不害也

含章已爲人情之所難矣而况於括囊乎括囊則謹括而不發其中未能無己私者往往多不括雖知所括往往不謹己私中潜時一突發易道不如此道心清明無体無我發則發括則括何適何莫時不可發而必欲其取咎也必括則不發不發則無譽此事理之常彼未能無私意者往往耻於名譽之不聞此意一動又不能括故聖人又教之曰無譽言乎自無譽也聖人諄諄凡以消人之私意使之從道使之免禍爾人之私意殊難克

故教之曰慎不害也上無陽明之君以六居四陰而又陰又無應括囊之象著矣

六五黄裳元吉象曰黄裳元吉文在中也

黄中央之土色故取以明中衣上裳下故取裳以明下五上卦之中有中象六陰体坤体有下象中者道之異名無偏無倚非道而何堯舜禹之相傳惟曰執中明此以南面堯之所以爲君也明此以北面舜禹伊周之所以爲臣也伊尹周公知終而終守臣位道在臣位也君上臣下下者臣位也臣体也能黄則能裳矣能中則能下矣旣得中道心安臣位然必曰黄曰裳者合此二字

以明道爲詳也其吉大矣大不足以盡之爲其得道焉故曰元吉五在他卦有君象在六四則視五爲非陽明之君而此六五自發大臣之義易之爲書也屢遷取象非一不可執固象曰文在中也者于以明君子之黄裳非作于外者由中而法動静云爲自得中道自安臣体皆中心之所爲無毫髮疆勉餙外之意言文在中而不在外文者自然而生文非可以作而就也巧言令色足恭作也非文也曾子與子貢倶入廐修容子貢先入閽者曰已告矣及曾子入卿大夫皆避位公降一等而揖之曾子之文自中而子貢之文自外也雖極其恭敬之

意而亦外而非中也此非訓詁之所能觧也非思爲之所能及也聖人能啓其端爾其昏其明在學者也

上六龍戰于野其血玄黄象曰龍戰于野其道窮也

文言曰陰疑於陽必戰爲其嫌於無陽也故稱龍焉猶未離其類也故稱血焉夫玄黄者天地之雜也天玄而地黄蓋謂陰而至於上六極其勢盡舉天下純終爲陰幾於不復有陽矣然陽雖甚微名分則貴人心所不可磨滅者猶在也爲陰者致疑於陽慮其有變故戰當是時人知有上六而已復知有陽哉聖人嫌惡其無陽也故特稱龍以著其猶有龍在以明其猶有君在人心終

不忘其君不可侮也血陰物也又稱血以明上六猶未離於臣類天色玄地色黃曰天曰玄亦嫌於無陽故稱天稱玄明其猶有陽也曰野曰地曰黃亦以明未離其類故稱野曰血兼著陽陰之俱傷不獨陽傷也凡此數義已明已著故文言不復贅釋聖人爲此皆所以折天下無君之心所以明天下之大道君君臣臣道之正也龍戰之禍道之窮也

用六利永貞象曰用六永貞以大終也

坤之用六即乾之用九是道也在乾則用九在坤則用六一也居九而爲九所用不能用九故至於亢屋六而

爲六所用不能用六故至於戰然則易之道豈可一日不明於天下哉道心無體何物驗之爲臣之失道者必至於失正貞正也知爲正者有矣未必能求於貞也不求於正亦失道也能貞能永是爲得道道心無體清明永貞微生巳私即失之矣得道則利失道則害是道也大矣坤雖位利貞之道以大終也止以乾道爲天不知坤道之即乾者不足以與此

文言曰坤至柔而動也剛至靜而德方後得主而有常含萬物而化光坤道其順乎承天而時行

坤之爲言乃道之至順之名非乾自有乾之道坤自有

坤之道非六十四卦各自有其道也一道而殊名故六十四卦卦卦皆妙卦卦皆易惟其該易之道故有柔有剛不偏於一隅至静而無所爲而其德方而不可轉易也有時乎動動而莫禦其剛可驗厚重凝止不可轉移其方可驗曉愚喻昏始止此証亦循謙彖曰天道虧盈而益謙地道變盈而流謙智者通達乾坤一道雖於坤曰剛從中正純粹精也亦無不可何必指事爲驗乾坤之道爲臣爲妻不得此至柔動剛至静德方之道則爲臣不盡忠爲妻不盡正道心無體無體可執非至柔乎立已私焉則不柔矣有體之柔柔則不剛無體之剛剛

不可屈義不可奪非動剛乎有體之靜未爲至靜暫靜
復動無體之靜斯爲至靜貞不動矣有體之方亦可摇
動無體之方不可摇也貞爲方矣道心無體隨體而著
後得主而有常含萬物而化光坤道其順乎承天而時
行如四時之錯行如日月之代明萬物未生乃含藏於
坤道之中萬物既生非離於坤也萬物乃坤之化物者
坤之物萬者坤之萬也坤之順即乾之健坤之承天即
乾之統天坤之生物於春長物於夏成物於秋藏物於
冬時行也即乾之生物之長物之成物之藏物之時行
也名殊形殊陰陽之氣殊而實一也惟其實一故陽氣

發於地而雪霜降於天故曰天地之道其爲物不二故其生物不測又曰道並行而不相悖譬猶人之目視耳聽手執足行心思而一人也苟惟不知一不惟不知乾亦不知坤

積善之家必有餘慶積不善之家必有餘殃臣弒其君子弒其父非一朝一夕之故其所由來者漸矣由辨之不早辨也易曰履霜堅氷至蓋言順也

人性至善無不善者孩提之童無不知愛其親及其長也無不知敬其兄乍見孺子將入於井皆有怵惕惻隱之心其見賓客孰不舉手致敬人性之善於此著驗然

而亦有所謂天惡者何也其端甚微始於一念之作爾禹曰安汝止惟幾惟康皋陶曰一日二日萬幾幾者動之微心動之始也心實無体常安常止安止而動其幾必康不安止而動其幾不詳不安止之動如水撓濁不復清明爲昏爲擾順流而下遂至於惡積而不可掩罪大而不可解然則安得不辨之於早早者未動之初也未動則自清自明自安自止無体而發光至虛而用神皋陶之所謂兢兢業業孔子之所以發憤忘食顏子之所謂好學皆所以蒙養保護乎此而非思慮之所及也其次則不遠復又次則牽復亦危矣頻復大危亦聖賢

之所誠不克頻復代日而放堅氷至矣

直其正也方其義也君子敬以直内義以方外敬義立而德不孤直方大不習无不利則不疑其所行也

爻辭曰直本無虧欠聖人慮學者直心以往率意而行爲無忌憚之中庸故曰直其正也則不入於邪非直之外又有正也爻辭曰方本無虧欠聖人慮學者直方不合宜故曰方其義也明方非執方而合宜非執方之外又有義也直方正義皆發明此道之異名非有四者也聖人又慮學者雖欲直而未能直故教之以敬敬則心不放逸自直矣直者本心未始不直未始或曲惟起意

故曲爾曰內曰外姑隨庸衆常情言之方非直之外復有所謂方也直心之發與外物接應酬交錯其直不改故曰方也直心而達於外不爲事物所轉移應酬交錯變化云爲無非義者故曰義以方外學者固有道心清明既直內矣及乎應物不無轉移此猶爲德之未全故文言深明乎方外之義義者處事之名敬義立內外應酬交錯如四時之錯行如日月之代明斯爲盛德故曰德不孤直方大雖然義不可奪足以明方而義又有隨宜中節之理此孔子所以發揮前言之所未盡伯夷柳下惠皆能直內方外矣能敬能義矣而於義之中節猶

有未盡猶未爲盛德也猶未足以盡大人之至也此直此方此敬此義非由外鑠我也皆我之所固有不習而能不慮而知習而能慮而知者所行必疑阻終不通達所行不疑者如天地之變化雷霆交作風雨散施天地何疑之有吾亦何疑之有六通四闢變化皆妙疑起於意有意則有疑無意則無疑無疑之妙非言語之所及非心思之所到或者不察往往以爲窮高極妙不可俄而至此不自知不自信者之所見不知聖人未嘗彊人之所無也聖言千萬皆以明人心之所自有也

陰雖有美含之以從王事弗敢成也地道也妻道也臣道

也地道无成成而代有終也

無成而代有終地道之常也事理甚明而有不安於此越位犯分者巳私主之於中也大道甚明私意亂之

天地變化草木蕃天地閉賢人隱易曰括囊无咎无譽葢言謹也

天地一氣也一數也一道也言時泰通草木蕃蕪賢人在位及時否塞饑饉荐臻草木衰減賢人在隱括囊不發凡此皆大易之變不可以爲此事且姑避禍耳非易之道也事即道避禍即道其曰謹云者亦道孔子曰誰能出不由戶何莫由斯道也

君子黄中通理正位居體美在其中而暢於四支發於事業美之至也

中以釋黄之義也慮斯義未明故又曰通理下者臣之正位下者臣之體正位居體皆所以釋裳惟其通理故能居體非通理自通理居體自居體也道心一而已矣道心无體姑立虚名曰美曰中亦皆虚名微起意則意有倚倚則偏非黄中矣微起意則意已動已在外非其中矣中心无他惟誠惟實非意自中自正自卑自恭自有粹然温然之容暢於四支發於事業自有黄裳之實矣夫然後爲美之至也作意則僞是故古之論禮者曰

著誠去僞卑恭不出於中誠者終不足以致吉免咎

陰疑於陽必戰爲其嫌於无陽也故稱龍焉猶未離其類

也故稱血焉夫玄黄者天地之雜也天玄而地黄

坤文言畧者前已詳餘可通也

楊氏易傳卷之三

宋寶謨閣學士慈谿楊簡敬仲　著

明　後　學廬陵劉日升　校

豫章陳道亨

漳浦林汝詔　仝校

豫章饒　伸

䷂震下坎上屯元亨利貞勿用有攸往利建侯彖曰屯剛柔始交而難生動乎險中大亨貞雷雨之動滿盈天造草昧宜建侯而不寧

首乾次坤反對之序也其又次之屯者何也六十四卦

錯而置之如連山如歸藏無不可者今就周易之序而言之則剛柔始交而尚屯此其義也又曰有天地然後萬物生焉盈天地之間者惟萬物故受之以屯屯者盈也此又其義也無不可者固執其一者不足以與論夫易之道孔子曰五行四時十二月還相爲本也言其時時皆本也五聲六律十二管還相爲宫也言其律律皆宫也孟子習聞左右皆原之說而賛曰逢其原則求原於彼以逢爲言猶未達孔子之旨猶未達三易之旨也屯者易之屯也乾坤不必專言小乾坤不必專言先屯蒙不必專言後既濟未濟即乾坤也分本與末者陋學

者爲啓愚昏或推本而言聖言之變化也剛者乾陽也柔者坤陰也震者陰陽剛柔之始交其象甚著也坎爲險險爲難下震上坎其始交而未通有屯難焉又震爲動動乎險中猶屯塞而未通六畫之中斯象著見孔子於是發之於彖辭嗚呼此易之道也此易之屯也昧者徒見其爲屯難而已不知其爲易之道也則何以讀屯之卦元亨利貞與乾等也心思之始屯之元也心思之始非思也子曰天下何思何慮謂此也不復諄諄於此故不言也妙哉屯元以此處屯則屯通非亨乎以此處屯則無不利非利乎斯元斯亨斯利有不貞乎四言之

可也三言之曰大亨貞亦可也元爲始爲大爲善爲仁通而言之曰亨利貞皆可也震雷坎雨交動而滿盈大亨貞之時也大亨非推本始之言也夫言豈一端而已乾坤已詳言之此則略焉或者此心之偶昏不能明照屯時之未可遽往而攸焉益屯之道也聖人作易爲未明者作也故戒之曰勿用有攸往建侯是矣夫事之所以不濟物情之所以不通者未得其人以理之也得賢人而建爲侯何事不濟何屯不亨苟惟徒理其事不任其賢棄本從末失其道矣理屯如理絲固自有其緒建侯其理之緒也不得其緒徒擾益亂不寧者不遑康寧

也堯舜之世君臣相戒猶諄諄曰克艱曰儆戒曰無怠無荒曰兢兢業業而况於屯之時乎此乃孔子發卦辭之所未言其言天造草昧似言天繼言宜建侯而不寧似言人合而言之亦猶乾言首出庶物萬國咸寧坤言安正之吉應地無疆皆所以明天人之一体三才之一體草言未齊昧言未明人情居屯往往動心墮於人爲其造如天則無思無爲而自通天下之故此元亨利貞之道此易之道雖不寧兢兢業業而不動乎意如天地四時之變化如日月之光照

象曰雲雷屯君子以經綸

雲方布于上雷方作于下故有屯滯之象君子之濟屯也有道焉經而綸之舒徐而理之不理之不可急亦不可曰經綸正理屯之道也是道也即雲雷之道其有毫髮未與雲雷爲一者終未能盡經綸之妙也終未盡乎易之道也然則何以能與雲雷爲一雲雷君子自是一体三才一体大傳曰範圍天地中庸曰聖人之道發育萬物人心無体至善至神至明至廣大其曰範圍天地發育萬物非聖人獨有之而衆人無之也聖人先覺我心之所同然耳

初九盤桓利居貞利建侯象曰雖盤桓志行正也以貴下

賤大得民也

初九有盤桓不進之象昧者盤桓往往怠忽初九陽明非昧者故其志未嘗不正苟惟不正取禍之道也何以濟屯居貞者言止可静而居正未可動而行正象曰志行正者明特志可行正而事未可行正也事雖未可遽行而亦利建侯焉恐人謂一切不可行故曰利建侯卦爻辭重復者於此不可已也陽爲貴陰爲賤初九居群陰之下有以貴下賤之象以貴下賤大得民心屯之初雖未可遽有所爲而建侯之外又利於以貴下賤孔子於是發文辭之所未言

六二屯如邅如乘馬班如匪寇婚媾女子貞不字十年乃字象曰六二之難乘剛也十年乃字反常也

諸爻皆屯惟六二屯而屯者乘初九之剛也乘馬班如而不進不得行也陰陽之物往往多合初二相比初有求二之想而六二守正視爲初寇不與寇爲婚媾雖九五之正應屯塞未合終不與寇而失正如子女終守貞節不肯妄從人自育雖十年之久不變焉然天下無終屯之理數之極必變屯之極必通故曰十年乃字言其終得九五正應合也反常者女子二十而嫁常也無更待十年之理今也有難義當反常慮或者執二十之常

禮惑六二之貞心故孔子明反常之義以破後人之惑

聖人立言垂訓凡以解人心之惑爾人心無惑則易道自在人心千變萬化無可言者易書取象初無定論初九本爻自善自六二觀之則初有寇象

六三即鹿无虞惟入于林中君子幾不如舍往吝象曰即鹿无虞以從禽也君子舍之往吝窮也

大抵初與四爲應二與五爲應三與上爲應何爲乎相應也重卦故也初八卦而已卦三畫而已及其重之則上卦之四即下卦之初也上卦之五即下卦之二也上卦之上即下卦之上也惟類同故有應之象然一陰一

陽則相應兩陰不相應兩陽不相應此六三與上六兩陰也故無相應之象而有即鹿無虞之象古者山澤有虞得虞人則可以即禽今即鹿而無虞則惟入于林中而已不能獲禽也君子於此不如舍之而不即不舍而往致吝之道也不得鹿而已未爲凶也故止於吝無虞則心知其難矣而漫往有不改過之吝象曰以從禽者夫無虞而即鹿者心在乎禽爲禽所蔽雖無虞猶漫往不省其不可也動於利祿不由道而漫往求者如之君子則舍之往則吝則窮也將以求通反得窮焉所以破人心之惑也三爲陽動又不中有動必失道之象毛義

夫云謾從言無去音欺謾從水汗謾謾然

六四乘馬班如求婚媾往吉无不利象曰求而往明也

乘馬班如如班列然不行屯之象也曰往吉六四不可不决于此而先往焉夫初九之求我爲婚媾也然後往則吉無不利矣俟求而後往者惟明者能之人心之急於婚媾者多不待求而先往故孔子於此賛言求而往之爲明所以誘掖人之良心使之自貴而無輕動也以六居四皆陰有至靜不先動之象

九五屯其膏小貞吉大貞凶象曰屯其膏施未光也

九五而屯爲屯其膏之象焉膏澤欲其博大不欲其屯

畜若其居位卑小者行之如有司出納之吝則義當屯吝故正故吉若大人者行之如人君之施澤而乃屯焉雖其事出於正猶爲凶也謂如今時須賜軍賞從厚無功而厚賞甚無謂也若減削之不爲不正然不可行也行之必凶若此類是謂大者雖貞亦凶大者之施不可不光不光不足以盡大者之道故曰施未光也夫天下事理惟其稱而已矣當大而小與當小而大皆非

上六乘馬班如泣血漣如象曰泣血漣如何可長也

上六重陰不中爲屯之極有陰闇失道之象故至於泣血漣如天下有不可處之事易窮則變變則通自有道

焉豈可憂愁無聊賴如此其甚顏子居陋巷而樂孔子遭厄而絃歌不輟亦終於脫難如文王之囚於羑理文王亦豈無聊至於此極哉雖不幸而至於死痛裂慘極亦氣血之變化爾亦何至於泣血漣如彼昏者因物有遷執物深固故至此也何可長者言何可長如此也非告語之所可及惟深憫之亦覬其變也變則庶乎通矣

䷃坎下艮上 蒙亨匪我求童蒙童蒙求我初筮告再三瀆瀆則不告利貞彖曰蒙山下有險險而止蒙蒙亨以亨行時中也匪我求童蒙童蒙求我志應也初筮告以剛中也再三瀆瀆則不告瀆蒙也蒙以養正聖功也

艮爲山爲止坎爲險此卦上艮下坎是謂上下有險因險而止不知所之是謂蒙孰知夫山非山險非險何阻之有何蒙之有所謂不蒙者非能高舉遐遯不寄天地之間離處事物之外也明者知其無非道蒙者見其無非物無非蔽物非蔽我我自蔽物爾孔子曰無聲之樂日聞四方達於此則不蒙矣又曰天有四時春秋冬夏風雨霜露無非教也達於此則不蒙矣又曰哀樂相生正明目視之不可得而見也傾耳而聽之不可得而聞也夫哀樂必有聲必有狀而孔子曰不可見不可聞何也達於此則不蒙矣何必此雖近之事親事長忠信孝

弟視聽言動起居飲食達於此則不蒙矣忠信孝弟若至易曉也起居飲食若無可言者而必曰達乎此則不蒙者盖人之知此者寡矣終年說是說非說晝說夜而其實不然者往往所至而是然則何以謂之不蒙孔子曰二三子以我爲隱乎吾無隱乎爾吾無行而不與二三子者是丘也孔子如此明白以示矣信此者謂之不蒙而尚謂孔子不明告者是之謂蒙盖亨則行無不通通是亨不可以言論不可以意推不可加一毫不可損一毫無所倚無所黨平平蕩蕩不學而能不慮而知動容周旋喜怒心思變化云爲不可度思是謂時中無時

而不中中不可能自神自明自信自覺不可以語人非不可以與人言之不盡語之莫知明者深念蒙者之性至善至靈至神特不自覺自信致此蔽塞甚念啓告之也然亦不敢無故而彊告之必待蒙者求我而後告者欲其志應也志不相向雖明告之不聽童有順聽之象筮者如卜筮然竭精盡誠而聽而況於初乎如此而求於我者則當告之蓋以初筮之心剛堅中誠誠確無他澄然不動無偏無畔是剛中之心即道心也特未明爾易於啓發故當告一告即發則善告而不問發之再三其機已失其意已亂違道遠矣非剛中之心也煩瀆而

已故不當告若又告之是又告者反瀆蒙者益亂益昏無濟也其曰利貞何也至哉聖言所以啓佑萬世何其妙也盖曰蒙無所利獨利於貞貞正也正者夫人之所知初不高遠初不幽深事親而已事長而已忠信與物而已視聽言動而已人不自覺雖習聞其說習學其事終未足以盡正之實者非說之可解非意之所習不習不知變化云爲不習不知之謂蒙以不習不知養之是謂作聖人功蒙不言元非不可以言元也聖言偶不及之爾蒙即元也餘卦皆通通乎一也

象曰山下出泉蒙君子以果行育德

蒙有昏蒙之義有無思無慮養正之義有蒙穉之義上艮下坎出泉之象於是發蒙微使達之德性之所自有不假復求順而達之無不善者有行實焉則德性得所養矣果者實之謂是謂行得是謂德行行虧則亦能使德昏德性無體本無所動本不磨滅如夜光之珠泥沙混之失其明矣如水然不混濁之則水性不失矣順本正之性而達是謂果行果所以育德

初六發蒙利用刑人用說桎梏以往吝象曰利用刑人以正法也

發蒙之初即宜刑人以脫其桎梏在足曰桎在手曰梏

人之昏蒙自因自束意狀切類之蓋亦自無如之何矣儻不於發蒙之始痛掃除之則厥後桎梏愈固不復能啟故曰以往吝有不敢過之意象曰以正法也者以用也用正法以刑之也有正法而後知人之不善而刑之如我無正法我猶未免於桎梏安能脫人之桎梏天下之以桎梏爲美而好之者多矣使皆知桎梏之爲桎梏則亦豈肯自因自束則舉天下皆不蒙矣皆聰明睿智矣惟其不知故蒙故誤認非爲是誤認惡爲美自處桎梏之中惟明者深知人之性本善本明因何以蔽因何而蒙蔽在某處病在某處因其蔽處病所而刑之則桎

梏可脱是謂以正法刑人每歎以邪法刑人益人之桎梏者多矣爲人上者以不正之法刑人而欲人之正爲人師者以不正之法教人而欲人之明是謂以其昏昏使人昭昭盖有人心自正而反阻之過之人心不正而反進之導之自三代衰正法不行以蒙治蒙以亂治亂往往而是所賴人有常性終不磨滅也

九二包蒙吉納婦吉子克家象曰子克家剛柔接也

九二陽明六五陰蒙以下發上體爲不順順而九二居下卦之中中道也有得道之象焉則能包蒙者也包藏其用不露其迹如孟子之事君順而啓之如此者吉若直

攻君之蒙後世稱忠古道無取納婦者所以詳明包蒙順協之意如納婦焉則吉婦蒙子明故子克家父子分雖嚴而不爲甚嚴又情親故子可以克家象曰剛柔接者言乎必情親至協則可不然則亦難也凡下明上蒙者必其情如父子之親亦皆有信其父子之誠而後可

六三勿用取女見金夫不有躬無攸利象曰勿用取女行不順也

金夫九二之象女六三之象以六居三三爲陽動又不中不中爲失道之象三與二非正應而坎水就下故有見金夫不有躬之象以陰求陽以昏求明其心雖求親

於我而失其道焉我不可受夫天下惟有此道而已矣得則吉失則凶得則利失則害彼以蒙求則其事雖善而其間有以非道而來君子猶不可受故不曰以蒙求而取以女求夫不有躬之義蓋謂以蒙求明則正以女求夫則不正孟子不答滕更其求不以其道也象曰行不順也凡以罪其不順而已

六四困蒙吝象曰困蒙之吝獨遠實也

六陰四又陰蒙闇之甚自以爲是不應乎陽明故爲困蒙爲吝夫蒙闇者之自安於蒙不以蒙爲美也惟以蔽焉安於所好溺於所嗜自以所好嗜者爲實不知其不

實也何謂實惟道爲實萬物皆變惟道不變禍福毀譽靡定然則惟道爲實明者得道四遠乎二遠乎實也聖人惘之故云諸陰皆應陽獨四不應故曰獨

六五童蒙吉象曰童蒙之吉順以巽也

六五雖陰而未明而能應九二陽明之至柔順而聽如童然故吉

上九擊蒙不利爲寇利禦寇象曰利用禦寇上下順也

昏蒙之甚至於此極則惟有擊而已矣夫不得已而至於擊則豈動於私意而治之大過哉擊者擊其蒙而已矣彼爲蒙爲寇悖道大甚則治之亦不得不甚然治之

雖甚不過禦其爲寇者而已去其悖道之心而已苟因其擊蒙因其禦寇而擊之又至於大甚而我反失乎道是擊之者又爲寇也故戒之曰不利爲寇利禦寇自其昏蒙之極悖道之甚我不得已以道擊之則不過私上下當靡然順服不啐與論咸順而蒙者當亦順聽而心服夫由道而行其效如此

楊氏易傳卷之三

楊氏易傳卷之四

宋寶謨閣學士慈谿楊簡敬仲　著

明後學廬陵劉日升　校

豫章陳道亨

漳浦林汝詔　仝校

豫章饒　仲

䷄乾下坎上需有孚光亨貞吉利涉大川彖曰需須也險在前也剛健而不陷其義不困窮矣需有孚光亨貞吉位乎天位以正中也利涉大川往有功也

坎險在前健剛而能需待不陷乎塗中其義不困窮矣

剛健者多不能需而遽往則陷乎險剛健而能需者得乎道故也曰有孚光亨貞吉者其象著乎九五之一爻五爲天位又正中也孔子曰天之所助者順也人之所助者信也人非不助順大抵人情以誠信爲切需待乎彼正與人情交故首言有孚我有需待乎彼而彼孚信乎我則得所需矣則亨矣其亨也光如日月之光無思無爲自無所不照人情於需待於得所需能不動心令如光焉寂然不動如是而亨是爲光亨聖人善於明道如此需而孚光亨而不失其正故吉亦有人情相孚其亨通如光之無所思爲而或不出乎正者亦未爲全吉

需而有孚光亨必得位乃孚乃亨乾天也下卦乾而有天象人咸謂位者人之位不知其爲天位也知其皆天道而非人則無思無爲而光亨矣曰正曰中曰孚曰光亨皆所以共明斯道非有異義也一也利涉大川言有孚光亨正吉則雖大險可濟矣往必有功也此承上文非利涉大川別有義也需者易之需也險者易之險也剛健而不陷易之剛健不陷也有孚光亨貞吉而利涉又易之有孚光亨貞吉利涉也曰屯曰蒙曰需苟曰此人事物情而已非易道之至也則不足以讀易

象曰雲上於天需君子以飲食宴樂

雲者坎水之升雲上於天而未雨有需待之象焉君子所以飲食宴樂者宴非自飲食也與衆人共之也人情之所需者飲食爲急朝夕之所需未及此故大象發之夫飲食之微何聖人作易而取此嗚呼大哉易道何所不在何所不通何精何粗何大何小學者其無謂飲食至微非易之道達之者群羞盛味獻酬厭飫如天地之變化如四時之錯行不可度思矧可射思

初九需于郊利用恒无咎象曰需于郊不犯難行也利用恒无咎未失常也

初九遠于險矣郊者遠之爲言也需于郊不犯險難而

行矣能恒久于此則無咎恒久于此或疑久固恐失常道故聖人未失常也人情喜動而惡静能暫不能久此皆放逸之常態易道不在遠在乎人心不放逸而已矣

九二需于沙小有言終吉象曰需于沙衍在中也雖小有言以吉終也

九二稍近於險矣故曰于沙言九二居中有得其道之象故亦未嘗進而需焉偶其所處稍近險非好進而近險也故雖小有言而終吉衍在中者言九二胷中寬衍平夷初不以進動其心亦不以小言動其心夫如是終吉終吉以九二得其道故也

九三需于泥致寇至象曰需于泥災在外也自我致寇敬慎不敗也

坎險在前故需諸爻以遠險爲善初于郊無咎二于沙小有言三于泥則迫險矣故曰致寇至雖然三猶未入險中災猶在外自我致寇則寇至我不致之則寇亦不至故曰敬慎不敗也甚矣夫人心之神也雖處迫險之地致寇則寇至不致寇則寇不至詩曰自東自西自南自北無思不服服其心也心爲善則祥至爲不善則殃至慢藏則盜至冶容則淫至諺云禍不入慎者之門正謂此

六四需于血出自穴象曰需于血順以聽也

人皆欲進三陽自下而進而六四以一陰當其前其傷必矣血陰物傷象六四入險而傷然不言吉凶何也能需而退聽出自穴故也易之爲道無所不通雖如四之入險而傷其處之亦有道六與四皆柔故有順聽之象

九五需于酒食貞吉象曰酒食貞吉以中正也

酒食自養之象也爻辭多取象大象君子以飲食宴樂則直言其事非取象九五君象人君之治天下不在求之他求之外惟求諸已而已矣自養求諸已也貞正也自養正德以需之庶政咸熙矣中正道之異名也即正

德也象曰以正中一也學者或巧致其辨而通乎道内明心通之士無取焉

上六入于穴有不速之客三人來敬之終吉象曰不速之客來敬之終吉雖不當位未大失也

大抵天下之事理極則變需之極則得所需之變故不曰需而曰入于穴六陰穴有小之象三陽需于下勢終必進故有不速之客三人來之象陽君子之象上六入于穴已得所去而三陽又至非上六之所欲也猶不召而客自至速猶召也禮或作宿謂於一宿之前致請也或作肅謂起敬以延之使入也此作速謂導之使速入

也音同義亦畧同聖人於此知小人之勢已安不可去
因以教小人使其敬君子則小人亦終吉如恃其勢之
已安不敬君子則小人悖道大甚必有凶矣小人位當
居下今居上德不當位若能敬君子亦未爲大失也然
筮者事情無窮亦不可執一論六十四卦三百八十四
爻皆不可執一論又曰穴者所安也泛言事情不必專
指君子小人我已得所安而有不速之客至不速自至
雖不當賓客之位未大失也敬之終吉若責其小過或
致忿爭之禍爝火不息或至燎原或實有客或比象生
義皆不可執一論

䷅坎下乾上訟有孚窒惕中吉終凶利見大人不利涉大川彖曰訟上剛下險險而健訟訟有孚窒惕中吉剛來而得中也終凶訟不可成也利見大人尚中正也不利涉大川入于淵也

訟之爲卦上乾剛下坎險在上者其勢自可以行故用剛而下則無勢之可行不得以用夫剛故用險訟之本乾亦爲健險而不健未必成訟既險又健訟於是成夫人惟自信其直而人不信之也而有窒焉故或可訟如以詐而已矣則安可訟也訟非善者惟惕惟懼勿過而中則吉彖曰剛實而來險中剛實孚信也二陰揜其外

窒也居下卦之中得中也訟而能中必惕必惧終凶者

訟不可終成也訟非君子之事有變通不得已而訟勿

終焉可也得已而不已終凶之道也利見大人尚中正

也中正訟者之所求也不遇大人則中正者禍險詐者

勝亂之道也履正道而後可濟險難也不以正道而欲

以訟濟之愈險愈陷之道也入于淵言其入險愈深不

可出也

象曰天與水違行訟君子以作事謀始

天行乎上水流乎下其行相違訟之象也君子深念夫

訟之不避也作事謀謹其始焉興訟之端其始甚微始

之不謀輕慍遷怒施報滋甚故成於訟於其始謀之微也已之則不難矣

初六不永所事小有言終吉象曰不永所事訟不可長也雖小有言其辨明也

訟之初不深也有不永所事之象訟之初未深小有言而已既不永其事故終吉能不永所事終足致吉雖小有言其是非之辨已明人皆知之不必與競也人之所以訟者爲其已直而見屈於彼也今曰是非之辨自明則可以不訟矣聖人善解人心之蔽如此

九二不克訟歸而逋其邑人三百戸无眚象曰不克訟歸

逋竄也自下訟上患至掇也

爻發九二之善義象發九二之不善義唯聖人之所發明二五皆剛其所以不克訟者自下訟上大不順也勢不能也故歸而逋竄致患如掇取言其至易也歸逋之邑唯三百之邑小矣故可免眚如其邑大則彼將不釋古皆國邑非如後世郡縣二爲陰退有歸之象

六三食舊德貞厲終吉或從王事无成象曰食舊德從上吉也

三應于上以柔從剛非訟者也故不訟訟之時君臣之際尤宜慎謹食舊德舊祿也度德受祿故曰舊德言食

則知爲祿退食舊祿不敢進也此在他時則非正在訟時則正故曰貞何爲乎不去巳在中勢未可去亦在其義尚可留也然居訟之時終爲厲六三處之有道故終吉亦非無所爲也或從王事不敢專成若夫臨九三未順君命則亦可以專成易之道唯其時而巳矣無定論也訟之六三以從爲吉易之爲道豈執方之士所能學哉

九四不克訟復即命渝安貞吉象曰復即命渝安貞不失也

九四與初六應雖在訟時無終訟之象九剛四柔有始訟終退之象人惟不安於命故欲以人力爭訟今不訟

而即於命變而安於貞吉之道也渝變也始訟始不即
命不安正雖爲失道今不克訟復即命變而安貞則今
不失也道不遠人人以私意行之故失去其私意則道
在我矣何遠之有何難之有
九五訟元吉象曰訟元吉以中正也
訟誠不美然天下之事變不可得而必如舜之誅四凶
禹之征有苗湯武之征伐周公之誅管蔡孔子之誅少
正卯皆訟之元吉聖人行之無非道者元即乾元坤元
之道也其爲吉大矣象曰以中正也中正道之異名或
曰五爲聽訟之大人既妄增聽字又卦彖已發其義矣

乃贅乎

上九或錫之鞶帶終朝三褫之象曰以訟受服亦不足敬也

六三以柔應之有錫鞶帶之象訟不可終上九過中失道終訟而勝獲鞶帶之錫焉人心不服也故終朝三褫聖人慮訟勝者以受勛其私意故言三褫著人心之不服又曰以訟受服亦不足敬皆所以遏人欲明正道也

䷆坎下坤上師貞丈人吉无咎彖曰師衆也貞正也能以衆正可以王矣剛中而應行險而順以此毒天下而民從之吉又何咎矣

師衆也貞正也用衆之道正而已矣正者易之道天地之道日月四時之道鬼神之道人之道其名不同其實則一於師卦曰貞貞則人心服失此則人心離以困也能用衆而皆正可以王矣天下皆歸之何者天下無二道故也正道丈人之道也丈人尊者之稱天下之所尊敬之人也詩云自西自東自南自北無思不服服其正也合乎天下之所同然者故也不得天下之所同然者何以用其衆何以致吉與無咎吉則成功無咎則人不怨咎雖成功而有怨咎者周衰秦漢而下往往而是彖詳言丈人之道曰剛中而應發九二之象也行險而順

發上下二卦之象也剛則物莫能動中德無偏無黨剛中二言皆所以明此道非有二物也此道合乎人心故人咸應之用師征伐非平夷之事故曰行險非奸險之險也行險而順行乎險中而得其道故也行險而順之道即剛中而應之道也發明之言不同而道無不同以此毒天下而民咸從之矣吉矣無咎矣丈人强力而無行乎此丈人行人心之所同然而無不應也是以謂大易之道

象曰地中有水師君子以容民畜衆

水行地中有以容之則聚鑿一井則水聚一井鑿十井

則水聚十井一井不鑿焉則一井之水亦不聚此無他無以容之無由而聚也是以君子容民畜衆師衆也不特行師其臨民亦然民亦衆也豈有居上不寬量不容衆而人心悅而服之者乎此又易之道也卦彖未發此義於大象發之

初六師出以律否臧凶象曰師出以律失律凶也

行師之道用律爲急臧善也苟不善於用則凶此古今行師之定論斷不可易以是知聖人聰明睿智無所不通至於兵法亦深識其要自古善用兵者唯得此不敗不得此雖善用兵亦有時乎敗如李廣如薛萬徹非不

善用兵以其失律故終於敗書云不愆于四伐五伐六伐七伐乃止齊焉所以用律也兵家常談唯整者勝此斷斷不易之論此易之道也莊子曰順爲臧逆爲否蓋謂逆則不臧矣否臧不臧也用律而不善與無律同

九二在師中吉无咎王三錫命象曰在師中吉承天寵也王三錫命懷萬邦也

一陽五陰則五陰歸一陽一陽爲主師比是也一陰五陽則五陽歸一陰一陰爲主同人大有是也大抵陰與陽其情相得革之二女同居而不相得者皆陰故也今五陰盡應九二之一陽則九二爲主九二臣也而人心

咸歸之殊非人臣之所宜唯在師之中爲將帥則吉群陰咸應者士咸應也何不可之有王三錫命所以推誠盡禮於將臣也君心不篤將亦難於受命好諸一行首領不保何以成功象曰在師中吉承天寵者言行師不出於私出於公有大惡亂倫害民衆心共怒是謂天命殛之是謂承天寵此明衆咸應之道也象辭亦有補爻辭之所未言者此之謂也王三錫命懷萬邦也者此亦補爻辭之所未言王者之所以三錫命于將臣者志不在殺也所以懷受萬邦也彼惡大焉或亂倫焉或害民焉屢諭莫從故命將征之征者正其不正鋤剗亂弱所

以安衆也故曰懷萬邦也慮或者不明三錫之義疑其志於殺也故特明之

六三師或輿尸凶象曰師或輿尸大无功也

輿衆也尸主也行師之法權歸一將使衆主之凶之道也象曰大無功也甚言其不可衆所不一必無成功九二既作帥六三居二之上有權不歸一之象

六四師左次无咎象曰左次无咎未失常也

六陰四又所處偏有左次之象無知者以前進爲快爲榮以左次爲耻爲辱知者不然唯其宜而已矣殺人非君子之心則左次固其所安也未爲失常道也齊桓伐

楚而次於陘春秋之所與也

六五田有禽利執言无咎長子帥師弟子輿尸貞凶象曰長子帥師以中行也弟子輿尸使不當也

田所以養人也而有禽焉害稼則義當去其害稼之禽執言執其害稼之罪以爲言聲罪而征之使天下之不正者咸懼若無辭可執徒以私意欲征之則不惟敵國怨咎舉天下皆怨咎之矣義理所在人心之所同也長子帥師非獨指長子凡任而爲帥者即長子之謂也行師事權必出於一而後可濟若使弟子衆主之雖所任弟子賢亦不可故曰貞凶言雖正亦凶此義六三已發

之而又言於此行師大利害自古通患故特重復言之象又曰長子帥師以中行也中者道之異名言權統於帥乃由中正之道而行也弟子輿尸是人不當也非易之道也

上六大君有命開國承家小人勿用象曰大君有命以正功也小人勿用必亂邦也

師之終功成大君有命所以賞功也正功言賞必當功不可差失也開國封之爲諸侯承家以爲卿大夫也開國承家之始其初不可用小人也於此始言勿用者因此賞功原其始也用小人爲將帥幸而成功則難於不

賞使之開國承家則害及民必亂邦也豈聖人君國子民之大道去一害民者又用一害民者以亂易亂必不可後世雜霸之說興逆取順守之說興有日用得其道則天下徂詐咸作使此非君子之言也用一詐者天下之詐心咸興用一小人天下小人心咸肆行一不義殺一不辜而得天下君子斷不爲也用師而用詐取勝於目前貽禍於後日其應如響自有正兵之法可用諸葛亮以正兵李靖以正兵二子之善用兵諸將無及後世之爲將者胡不用此而獨以詐與二子之用正不用詐君子之所與也易之道也

楊氏易傳卷之五

宋寶謨閣學士慈谿楊簡敬仲　著

明　後　學廬陵劉日升
　　　　豫章陳道亨　校

漳浦林汝詔
豫章饒　伸　仝校

䷇坤下坎上比吉原筮元永貞无咎不寧方來後夫凶彖曰比吉也比輔也下順從也原筮元永貞无咎以剛中也不寧方來上下應也後夫凶其道窮也

比卽吉何以知比之卽吉也比輔也人相比輔何爲乎

不吉下情順從何爲乎不吉比道常謹其初原初也筮者精誠而求之其初竭誠而求元善永正之主而比之則他日必無怨咎不正而求不可親也未有不正而禍不及之者元永貞之德剛中之德也剛足以立物莫之遷中無所偏靜正不動非元善乎元大也非大乎中正如此非貞乎夫惟以人欲爲正故莫能永兹正也非作於人欲靜正無我物莫遷動有不永乎有元永正之德則不寧者皆以方來自東自西自南自北無不咸來其獨後而不服者凶矣神之所共惡彼有道而我不服之是違道也衆咸服乎彼而我獨不服是違衆也違衆反

道是謂之道窮

象曰地上有水比先王以建萬國親諸侯

水由地中行則各得其所水在地上則散漫無統先王雖聖智不能以一人兼治四海之民故必屬而理之萬國於是乎建是王者親比諸侯侯各親比其民民各附其所統屬矣後世之郡縣亦古之萬國惟不擇賢久任故治苟且民失其安風俗益壞藩籬不固遵易道而行無一夫不被堯舜之澤矣自古先王已建萬國故稱先王

初六有孚比之无咎有孚盈缶終來有他吉象曰比之初六有他吉也

天下萬事惟初心爲正相比之道亦然人心未始不正人心未始不忠信則此忠信之心未始不明貞其初發自然忠信忠信謂之有孚即此初心孚信而比之自無不明必無咎苟不自其初心轉而遷之委曲不直則不忠不信以此比人安能免咎慭尤信矣有孚比之無咎此言其大略也有能即此初心之孚純一無間無少虧闕如盈缶然則不止於無咎而已終來有他吉雖不可預定其爲何吉而其必致吉也昭昭矣即初可以占終即本可以知末道在邇即此未起意象之初正而無失雖聖人之道無能外此其吉可勝言哉象曰比之初六

有他吉也惟初有之失其初則否

六二比之自內貞吉象曰比之自內不自失也

人情多比近而違遠近未必正不可以其近而加親正雖在遠不可以其遠而不親孔子曰愛衆而親仁所親比者不可不於正六比近皆陰邪不可與比二居中中正之人也中正之人不與陰邪合近舍陰邪內心自上親於九五自比於貞正故吉人心自明逐外則昏乾曰自强謙曰自牧復曰自知順曰自養晉曰自昭明德比曰不自失皆所以明人心之自靈自明也二居內卦之中故有內象上卦亦曰外卦下卦亦曰內卦

六三比之匪人象曰比之匪人不亦傷乎

六三所比上下皆陰陰爲小人陽爲君子故有比之匪人之象象曰比之匪人不亦傷乎豈有親比非其人而不及於禍者乎親正人必吉親匪人必凶此萬古不易之道象辭要其終而言之知其必傷也

六四外比之貞吉象曰外比其賢以從上也

四與初同類今不應乎初而外比乎九五之賢貞也故吉夫天下之道惟其正而已矣由乎正者吉失乎正者凶舍其私黨從乎公正易之道也上明其惟九五也五居四上

九五顯比王用三驅失前禽邑人不誡吉象曰顯比之吉位正中也舍逆取順失前禽也邑人不誡上使中也

人羣處於天地之間勢不容不相比彼此之相比上下之相比皆爲有道焉九五爲比主顯著相比之道如何而顯之也君臣也父子也長幼也夫婦也朋友之交也此其大倫也而其顯比之道不可勝窮不可勝言一言以蔽之曰中正而已矣凡中正之道皆相比之道也有一不於中正人心即離即失其心而九五又得尊位以行之此其所以能顯比也王用三面驅禽闕其一面順我者取之逆我者舍之前禽雖失不彊取也止於三驅

不敢強人之必我從也中正之道固人心之所同其有姦宄頗僻不比於我亦不彊亦中正之道也禹征有苗聞伯益至誠感神之言而遽班師失前禽也卒之七旬有苗格者中正之道自足以感之也致邑人初不待諄諄誡諭而自化於中正之道者上之人行中正之道自能使邑人中正也中卽正上已言中正此省文也中與正皆道之異名言中亦可言正亦可并言中正亦可隨宜而言

上六比之无首凶象曰比之无首无所終也

由初而比之其比也誠比不於其初及終而始求比不

忠不信人所不與凶之道也首初也有始則有終無始何以能終故曰無所終也卦已言後夫凶彖又明之此又言之者比之無首實人道之大禍占筮觀六爻之變故上六復發此義

䷈乾下巽上小畜亨密雲不雨自我西郊彖曰小畜柔得位而上下應之曰小畜健而巽剛中而志行乃亨密雲不雨尚往也自我西郊施未行也

畜有包畜之義昔者齊景公問於晏子晏子正言而忠告之至巽順也景公大悅名大師作君臣相悅之樂其詩曰畜君何尤則知畜有包畜之義爾經傳亦多此義

易有大畜小畜陽爲大陰爲小今小畜之卦六四以柔得近君之位而上下諸陽皆應之是以小畜大以臣畜君故曰小畜小畜之卦有亨之道焉何以知其能亨也下乾上巽有健而巽之象二五皆剛中四得位而上下皆應故志行故有剛中志行之象惟健巽剛中而又志行故能亨也不徤則不能有爲不巽則犯難以行剛以明其有實德實德至剛而未嘗動中亦明其實德實德無偏無倚曰徤曰巽曰剛曰中皆道德之殊名非果有四者之殊體也猶曰白曰瑩曰溫潤皆言一玉曰黄曰堅曰聲皆言一金合徤巽剛中之四言而小畜之道始

明而後小可以畜大臣可以畜君而又必得位而志行而後能亨古者固有雖備聖人之德而不得位雖得位而君臣之間未深相知則志亦難行如伊尹之於太甲其始不可謂之亨及太甲翻然而悟誠然改過則伊尹之志於是方行故爲亨天未大雷電以風成王未執書以泣則周公之志終不可謂之行終不可謂小畜之亨夫陰陽之氣相包畜絪緼和暢而爲雨今密雲不雨是畜猶未通曰尚往也者往猶去也猶過去也言其未通也密雲不雨而徒自在乎西郊西陰方臣之象也陰陽未通和未雨則澤未施于下

象曰風行天上小畜君子以懿文德

天可謂尊高矣而風行其上者風無形而至柔也剛爲大柔爲小天下之以小畜大者惟以柔德文爲柔德武爲剛德懿者尤其盡善盡美之稱柔勝剛弱勝強而况於用柔德而又盡善盡美乎此易道之見於小畜者然也

初九復自道何其咎吉象曰復自道其義吉也

人之本心即道故曰道心孔子曰心之精神是謂聖孟子曰仁人心也某年三十有二而省此心之即道至此爻益驗大人以道事君於其初也而復之是於思慮未

作之初而安也禹曰安汝止人之本心自神自明自不動自即道故曰復自道此雖有復之名初無復之實是謂不復之復復卦謂之敦復不動之復也如此則何咎之有又有吉焉象吉矣何患吉之不至此甚言此義之善

九二牽復吉象曰牽復在中亦不自失也

不能復君於初至於過失已形牽而復之不可謂自道矣牽有難復之象然巳復矣亦吉象牽復在中亦不自失也不獨君臣凡小畜大同

九三輿説輻夫妻反目象曰夫妻反目不能正室也

大畜九二輿說輹者特不行耳未害也此說輹則車壞矣復之不於其初次又不能牽復至於過失益深而力諫上不能堪爲乖爲離是夫妻反目不復能正室矣

六四有孚血去惕出无咎象曰有孚惕出上合志也

六四至柔又巽体畜君而柔巽故君臣相信而和無傷無惕無咎陰陽自有相得之象六四九五志合心同六四畜之得其道也夫人臣進言於君所以至於乖忤者往往由臣未能無私或好名好巳勝不與上合志故乖忤也書云爾有嘉謀嘉猷則入告爾后于內爾乃順之于外曰斯謀斯猷惟我后之德臣畜君如此何乖忤之

有象曰上合志也者吉哉言乎
九五有孚攣如富以其鄰象曰有孚攣如不獨富也
此爻九五乃人臣居大臣之位知六四之賢與之同心協力以畜其君者故曰有孚攣如大臣居權勢靡好爵與四共天位食天祿以事其上是猶富而能用其鄰者以能推財於鄰不獨富也
上九既雨既處尚德載婦貞厲月幾望君子征凶象曰既雨既處德積載也君子征凶有所疑也
上九居卦之終有畜而終通之象通則和而成雨既通既和則當止處不可更進唯尚以德承載其上臣有畜

君之道婦無畜夫之禮以婦畜夫雖正亦厲牝雞之晨終焉家索終不順恐生別禍故曰厲以小畜大至於上九如月幾望陰氣之盛復加則凶雖以君子而征亦凶征者往也象曰德積載者明畜道之後雖不可復至其畜尚以德承載其上而德載不可以少怠平居事至是人臣以道事君復君於道之時當積累致德不可已也人臣唯平居不能以道事君故至於牽復說輻反目也又曰君子征凶有所疑也者既畜而通矣而又往致其畜則犯矣非其道也有所疑疑其不順也坤上六曰陰疑於陽亦此疑也凶道也

兑下乾上履虎尾不咥人亨彖曰履柔履剛也說而應乎乾是以履虎尾不咥人亨剛中正履帝位而不疚光明也

履之爲言行也人行乎世得其道則無往不利失其道則無往而利得其道則履虎尾不咥人也不得其道雖履平地猶傷其足履之道何道也柔而已世之言柔者多矣而能柔者寡何爲乎寡也有已私焉立我於中不能柔也雖知柔爲善而行之及物觸之已私突發柔變而爲剛矣夫天下之難制者唯剛而柔履之唯得道者爲能柔也以一卦觀之則六三以一陰柔而五陽咸應柔履剛之象也以上下卦觀之兑說而應上之乾剛履

虎尾不咥人象也和説亦柔道也履乾剛而不見咥傷亦可謂妙矣可謂亨矣乃一本乎和柔柔勝剛弱勝強天下莫柔弱於水而反堅強者莫之能先又莫柔乎風風無形而發大屋折大木柔之卒勝其剛如此熟觀天下萬事唯柔爲勝若夫用剛則必中而無所偏倚必正而不入於邪又履帝位君體則爲宜斯能無疚病唯光明者乃能之光明者內心光明是爲道心是爲聰明睿智然則用剛之難如此雖然夫道一而已矣道心無体本無剛柔即此本有無体之心而行之而旁觀者自曰柔曰剛是謂不識不知順帝之則無体無方神不可測

剛柔異名其道則一得其一者自無不宜如日月之光無所思爲而萬物畢照道心光明不動乎意知柔知剛舜光天之下文王耿光于上下易曰光大曰明曰輝光曰君子之光詩曰昭明有融皆所以發明大道此唯道心内明者自覺自信未覺者必疑通者自知

象曰上天下澤履君子以辨上下定民志

人之行皆欲前進其能静退者有幾聖人於是發上天下澤之象發辨上下定民志之道上下有章貴賤有等天秩之叙也致其辨焉使上者安於上下者安於下則民志定矣彼老氏謂禮爲忠信之簿亂之首則安能治

天下國家老氏窺本見根不覩枝葉不見宗廟之美百官之富習乎道家之學未學乎易者也孔子大聖猶曰五十而後學易可以無大過易道之未易遽學如此蓋天下之變化無窮情僞萬狀而欲動中機會變化云爲無非典禮誠非一於清虛淨寂者之所能盡識也樓高書曰地在下矣澤又下於地故天下之最下者莫如澤

初九素履往无咎象曰素履之往獨行願也

素履貧賤之所履也以素履往由貧賤而行不願乎其外故曰獨行願也此得乎易之道也人心即大易之道自神自明私欲蔽之始昏始亂獨行願者自行其心也

孔子曰心之精神是謂聖深明此心之即道也明此心者自寂然自變化自無外慕素有質義有本義人無生而貴者則其本初固在下也固未有華飾也

九二履道坦坦幽人貞吉象曰幽人貞吉中不自亂也

九二居中爲道於是乎明履道人行乎世道甚坦坦無疑無阻而人自亂者因物有遷作好作惡自昏自亂冒中擾擾矣豈能幽哉幽人貞吉幽人之心無以異於擾擾者之心心自無体自清明自寂然不動視聽言動心思皆其變化彼昏者自不明自擾擾自爲繆亂爾幽人不昏故中不自亂不自亂由巳非外取其道也其曰貞

者正也正者道之異名又足以明非小人無忌憚之中庸也彼無忌憚之中庸晉人近之矣晉人不能自明貞正之旨故入於無忌憚孔子七十而從心所欲不踰矩幽人之貞也

六三眇能視跛能履履虎尾咥人凶武人爲于大君象曰眇能視不足以有明也跛能履不足以與行也咥人之凶位不當也武人爲于大君志剛也

六三以陰闇小弱之資而居下卦之上才德不足以當位而強有爲焉是眇而視實不足以有明跛而履實不足以有行不量力妄進如此是履虎尾其致咥人之凶

也可必雖然使武人用此以爲于大君則不爲凶何則戰陣必勇已質雖不堪奮而進乃合正道大君天子也征伐當自天子出武人用之則正他人用之則非是謂變易之道

九四履虎尾愬愬終吉象曰愬愬終吉志行也

九四居近君之位而体剛焉履虎尾之象也而四有柔之象也有能懼愬愬之象故終吉愬愬非志也終吉則志行矣大抵天下之理欲者不得不欲者得六三欲志行故不得志行九四志不行故終於志行六三柔而好剛九四剛而能柔此吉凶之所以相反

九五夬履貞厲象曰夬履貞厲位正當也

君体雖剛而有用剛之道乾曰用九言其必有以用夫九不可爲九所用用九用剛也徒以居崇高之位爲勢位所轉移謂天下莫已若與奪自我威福自我自用自尊以夬決爲履雖不失正危厲也以堯舜大聖而舍已從人以神禹而拜昌言苟胸中未能洞然無我必偏必蔽而况於夬決爲履乎此無他以位爲已之位正當其位故不虚也豈中正光明之道邪黄屋非堯心舜視棄天下如敝屣禹有天下而不與豈以位爲已有

上九視履考祥其旋元吉象曰元吉在上大有慶也

上九爻凶吉未定故聖人發其義曰視其所履而考吉凶之祥則其能旋反者獲元吉上九應六三亦有旋反之象但乾体居上未必果能旋反何謂旋人心逐逐乎外惟能旋者則復此心矣豈不大哉孔子曰心之精神是謂聖孟子曰仁人心也某自弱冠而聞先訓啓道德之端自是静思力索者十餘年至三十有二而聞象山先生之言忽省此心之清明神用變化不可度思始信此心之即道深念人多外馳不一反觀一反觀忽識此心即道在我矣象曰元吉在上有大慶者盖謂上者履之極盛居卦之外擾擾萬物不勝其多今也能於極上

擾擾之中而自得旋反之妙舜禹有天下勞勤萬物而曰不與焉者在上而旋也孔子十五志學三十而立四十而不惑五十而知天命而曰吾有知乎哉無知也是在上而旋也是旋非心思之所及非上行之可到非進退之可言如四時之錯行如日月之代明豈小者之道哉故象曰元吉在上大有慶也

楊氏易傳卷之六

宋寶謨閣學士慈谿楊簡敬仲著
明後學廬陵劉日升
豫章陳道亨校
漳浦林汝詔
豫章饒伸仝校

☷☰乾下坤上泰小往大來吉亨彖曰泰小往大來吉亨則是天地交而萬物通也上下交而其志同也内陽而外陰内健而外順内君子而外小人君子道長小人道消也

陽爲大爲君子陰爲小爲小人三陰往而居外三陽來

而居内道之正也道之正者爲和爲同爲宜爲治爲泰爲吉亨道之不正者爲不和爲不同爲失宜爲亂爲否爲凶塞故夫天氣下降地氣上騰二氣交和而萬物泰通此道之正者内陽外陰於時爲生育於氣血爲安和於德爲内健外順而宜内健中不可屈外順無忤於物與色厲内荏之小人異矣於政爲内君子外小人而治内君子君子道長外小人小人道消聖人不能使天下無小人不使居内亂正其道消而已凡此無非道之正者此特言其大畧耳若夫詳言凡正之類奚勝窮大抵正無不利邪無不害人道謹諸此而已矣

彖曰天地交泰后以財成天地之道輔相天地之宜以左右民

當天地交和泰通之時元后亦何所爲哉財成輔相以左民斯民而已財裁也裁成天地之道若置閏定時掘地决川烈焚山澤之類加人力以裁成之也輔相天地之宜若賓日餞月順四時之序而平秩之順十有二土之宜而蕃毓之之類順其所宜而輔相之也裁成輔相則三才之氣順正協叙順正協叙則和育蕃昌故夫財成輔相皆所以左右民使得其所民性自善自中惟左右之使飢寒不切其身不拂亂其性又以五禮防其僞

而導之中以五刑防其過而協于中凡此皆所以左之右之匡之直之輔之翼之知民性之本善故左右而養之後世不知民性之本善無禮樂刑政以左右之三才之氣乖亂凶災饑饉洊臻民困窮無告又立法以利導民之私欲以亂法導亂民及民抵冒肆犯則又曰民頑不可訓遂傷殘之又輕重不當爲善者未必免爲惡者未必刑罪重者得輕刑罪輕者得重刑民益亂不知所爲盡胥而爲惡皆由不知民性本善不左右之而困之又直擾害之故也

初九拔茅茹以其彙征吉象曰拔茅征吉志在外也

善人自有善人之類惡人自有惡人之類爲善不同同歸于治爲惡不同同歸于亂善與善親惡與惡親不假納約不召而應何也善人知善人必我與惡人知善人必不我與水流濕火就燥同聲相應同氣相求故君子小人率不相能君子之不與小人非私乎己也小人爲不正爲利爲亂義不得不遠之也小人之不與君子非心惡之也知其非吾類必不我與非己之利故必去之也彙類也拔茅連茹牽連而至三陽以類而進之象初九君子之類也泰之時天下有道君子之類當進征進也象曰志在外志於出不於處也孔子曰邦有道貧且

賤焉恥也此道之正也君子由正道而行無私乎己之心也以私乎己之心而往者小人也

九二包荒用馮河不遐遺朋亡得尚于中行象曰包荒得尚于中行以光大也

大哉九二之道也惟賢知賢援茅茹在九二不必言九二大賢學之荒者疑在所棄今九二則包之何以包之也人有常性本善本正因物有遷斯昏斯亂荒者不協于極而已猶未罹于咎君子當包受之寬以教養之則天下之善心無不興起可以使人皆有士君子之行馮河者勇進直前無所畏懦之象謹畏不敢發君子之常

德然而泰之時上下交而其志同君子居內而道長小人居外而道消三陽並進群賢畢集九二又得位於斯時也苟猶畏懦不敢輕發則斯民何所賴至治何由致哉用馮河所以發破君子畏懦之蔽啓以變通大有爲之道也遐遠也遠者人情易以遺忘才力之所不逮今九二不遺遐遠舟車所至人力所通慮智周之光被無外朋者所親也朋亡則不止於所親雖所不知凡一言之善一事之能尚皆用之而況於以賢人吉士稱者乎包荒用馮河不遐遺朋亡九二備此四德得道之上尚上也得乎道之全非其小者也然此亦非於常性之外

復有所進也雖大聖與下愚其常性則同賢者智者自過之而失其中不肖者愚者自不及而失其中九二之道自小賢小智觀則謂之大自道觀之則中行而已矣中無實体賢者智者未能忘意不意乎彼則意乎此不彼不此又意乎中皆有所倚非中也中者無思無慮無偏無倚之虛名非訓詁之所到曰光大者乃言其道心光明如日月之光無所思爲而萬物畢照道心無我虛明洞照萬理苟未至於如日月之光明必有私有意有我必有蔽惑惟曰中而不曰正者中正雖無二道而世之秉正者未必能中虛無我也

九三无平不陂无往不復艱貞无咎勿恤其孚于食有福
象曰无往不復天地際也
有平必有陂有往必有復無有平而不陂者無有往而不復者小者雖往他日將復今雖治平後將陷陂消息盈虛勢不可止然亦有道焉克艱克正亦可無咎勿用憂恤此理之可信者于食有福祿之可保也食祿食之謂所患在我之失道爾道以放逸而失以艱正而得未有得乎道而致禍者象曰無往不復天地際也天地陰陽消長之際則然不言人道明亦可以艱貞致福也大傳曰天地設位聖人成能蓋道可以通乎造化消禍敗

補天地之不足有如此之神用於是爻見之

六四翩翩不富以其隣不戒以孚象曰翩翩不富皆失實也不戒以孚中心願也

翩翩群衆皆來之象夫惟富乃能用其隣六四陰虚不富而乃能以其隣者小人同類皆失勢位皆欲復來以其中心之所願故不待約而自孚應聖人於此明著小人之情以教君子又因不富之辭而發之曰皆失實也謂富爲實小人之情也聖人不然小人昏迷自不知本性之善爲失實也此聖人之微旨唯明者知之也

六五帝乙歸妹以祉元吉象曰以祉元吉中以行願也

帝王之女不嫁公侯自古有之曰帝乙者豈歸妹之謂至帝乙而明備乎六五謙柔中虛以用九二之大賢亦猶帝女下嫁謙虛用賢必獲元吉言祉明吉之盛象曰中以行願者明六五非利於此而勉爲謙降也六五得道焉中者道之異名蓋其心所願自爾謙虛所謂謙虛者即道也故曰中以行願也得道者非於心外得之心即道也孔子曰心之精神是謂聖

上六城復於隍勿用師自邑告命貞吝象曰城復隍其命亂也

城隍塹也城圮而復於隍世亂至此勿復用師徒驅亂

民置之死地不然則前徒倒戈矣用師適足以促其禍至此已不可收拾於大亂不可收拾之中聖人亦畧致其誨庶其小支曰姑自邑告命言姑自近極之雖出於貞正猶終恐不免於吝吝者文過亂亡之君難於扶持孟子曰不仁者可與言哉安其危而利其災樂其所以亡者不仁而可與言則何亡國敗家之有垂亡之君有能翻然悔悟已過不復文飾暴白己過誠心改更則亦可感動國人人之愛敬其君天下之所同也此以誠感彼以誠應所患亂亾之君往往終於文過天命無常唯人所名人道亂則天命亂曰其命亂也古書多以已所

居邑曰邑王率割邑商邑翼翼四方之極盤庚不常厥邑周公作新大邑皆謂巳邑

䷋坤下乾上否之匪人不利君子貞大往小來彖曰否之匪人不利君子貞大往小來則是天地不交而萬物不通也上下不交而天下無邦也内陰而外陽内柔而外剛内小人而外君子小人道長君子道消也

泰不曰匪人而否匪人者時進匪人既巳否矣故不利君子貞然則君子當退而憂世不巳之君子猶進說不巳是謂疆聒必取干時之禍聖人誨之曰否之匪人不利君子貞欲使君子知否之自天而非人則君子無所

用其力孔子曰天下有道則見無道則隱彼疆聒不已之君子雖忠而非義大易之道不然道必無我如太虚如天地如四時之錯行可以仕則仕可以止則止可以久則久可以速則速窮則行於家達則行於天下一也陽爲大爲君子當居内今乃往而居外陰爲小爲小人當居外今乃來而居内非上下交之道故凡不正之類爲不交爲不通爲無邦人君生長乎富貴崇高之中難乎盡知治亂之情狀聖人於是告之曰上下不交即爲無邦庶乎因上下之情不交知所警而圖也中德宜剛而不屈今乃外剛以忤物外禮宜柔而與物今乃内柔

而懾懦失道之正皆此類也餘已見泰卦

象曰天地不交否君子以儉德辟難不可榮以禄

君子退處無禄而不儉則無以供其用勢必至於求禄

困窮迫之其志亂矣卦辭已明不利君子貞彖又言君

子道消此又言儉德辟難又曰不可榮以禄者人情好

進惡退好奢惡儉意之難忘也故聖人諄復言之

初六拔茅茹以其彙征吉亨象曰拔茅貞吉志在君也

泰初曰征此曰貞則知此不當征當退泰當征不當退

其道一也象曰志在君者明君子之志非怨而忘乎君

也志未嘗不在君君不見用故退爾常情居否多憂鬱

唯有道者其心未嘗不亨通言亨明道於二亦言亨

六二包承小人吉大人否亨象曰大人否亨不亂群也

否則君子當去而此猶曰包承小人吉者事亦有勢未得遽去則當包承小人者之事其上也包而不敢露承而不敢拂故吉此亦君子處否之道若夫大人則於否而能亨蓋大人之道大虛智無方自有變化之妙不包承而能亨包承則亂群矣大人否亨則不亂群

六三包羞象曰包羞位不當也

君子中亦有小人六二得中君子也故曰包承至於六三德不如六二而位益高含正而從邪羞有愧於中故

曰包羞象曰位不當者德不足以當位故也是謂君子中之小人自古此類良多

九四有命无咎疇離祉象曰有命无咎志行也

日中則亥天下事理過中則變乾四曰乃革泰四曰翩翩言小人之類至否四又言大者復來疇離祉者内外上下之際皆附離其祉言可連茹而來也象曰志行也言志已行則可苟先時而干進君未有命而遽出必有志未行而疆欲行咎者君子尤之小人怨之

九五休否大人吉其亡其亡繫于苞桑象曰大人之吉位正當也

休息否禍惟大人則吉非大人則否亦未易休大人得道大全每發皆中故能止亂不然則休否者未能皆中乎道則亂雖止其亡其亡恐懼惑慮之言桑根最盛苞桑叢生之桑其根愈盛愈固繫于苞桑慎固之象使君臣皆若是則可使永無否象曰大人之吉位正當也者言有大人之道而不居正當之位則權不自已亦無大功

上九傾否先否後喜象曰否終則傾何可長也（此疑有闕程傳本義亦有餘旨）

䷌（離下乾上）同人于野亨利涉大川利君子貞彖曰同人柔得位得中而應乎乾曰同人同人曰同人于野亨利涉大川

乾行也文明以健中正而應君子正也唯君子爲能通天下之志

與人和同之道必以柔行之則和同矣柔而不得位則無勢亦不能行既柔又得位而不得中焉爲不得道則人心亦不服中者道之異名也柔矣得位矣得中矣而又應乎乾乾者剛健之勢或剛健之德猶相應而和同可知矣故曰同人至於同人曰同人于野亨利涉大川則乾行矣人君之事人臣不得而與故首特異其辭曰同人曰野者廣莫之象同人于野則無所不同始爲亨通始可以涉大川濟險難此乃乾体之所行非人臣之

事人臣豈能致如此廣大之事業何謂君子之貞言乎文爲條理光輝著見之謂文言乎辨析洞照無蔽之謂明言乎日應萬變不屈不息之謂健言乎無思無爲無偏無倚之謂中言乎正而無邪之謂正言乎交際泛應之謂應道心無体神用無方文明健中正應非實有此六者之殊形容君子之正道有此六者之言其實一也亦猶曰白曰瑩曰潤皆言一玉曰黃曰剛曰聲皆言一金唯君子爲能通天下之志者人心一而已矣心即道孔子曰心之精神是謂聖聖人先覺衆人不覺爾以明照昏以一知萬如水鑑中之萬象不勞思慮而毫髮無

通者此心自明自神自無所不通故也庸人非不能通惟昏故不通爾柔得位得中應乾六二上應乾卦之象離文明乾健二五中正而應觀乎卦之六畫而卦辭彖辭可覩矣六十四卦皆然

象曰天與火同人君子以類族辨物

天與火同於陽同於上而君子以類族辨物者異中之同也使一於混同族不復類則婚姻無別物不復辨則上下無章名分大亂得其道者雖異而同失其道者雖同而異

初九同人于門无咎象曰出門同人又誰咎也

初九初出門之象同人于門不偏不私故人無咎之者

六二同人于宗吝象曰同人于宗吝道也

同人之道惡其偏私六二正應九五有于宗之象止同其宗人亦不廣矣故吝吝有小狹之義孔子曰誰能出不由戶何莫由斯道坤上六曰其道窮也此曰吝道也百姓日用而不知故昏故亂故吝一曰覺之則廣矣大矣六十四卦三百八十四爻一也

九三伏戎于莽升其高陵三歲不興象曰伏戎于莽敵剛也三歲不興安行也

陰陽自有相親之象九三之情在六二欲有之恐九四

之來也故敵之莽之地卑下三之象九四在上高陵之象九三與六二非正應也非正應而私之非其道矣失道而又敵剛未有能濟者三歲不興安能行也六二不必謂果有其人但言九三之所欲者是已

九四乘其墉弗克吉攻象曰乘其墉義弗克也其吉則困而反則也

四九之陽志亦在乎六二之陰而亦非正應又九三間之故乘墉而攻四居三上有乘墉攻下之象然以九居四始剛終柔故有弗克攻之象其弗克攻乃以非正應非義而往人心不從鬼神不祐自弗克也雖非本心然

既弗攻矣其事反於典則矣亦吉困而反則者尚能獲吉而況於誠心反則者乎六二不必謂果有其人但言九四之所欲者是已三與四皆以私欲失同人之道

九五同人先號咷而後笑大師克相遇象曰同人之先以中直也大師相遇言相克也

九五六二爲正應三而與四間之故先號咷九五之中心自以義直故號咷也義之直者天下之所與人之所助而況於以九五之利勢行之乎三四爲間必用大師克之方能與六二相遇故後笑此亦理勢之自然也九三三歲不興九四義弗克攻唯九五能用兵師克之而

不獲相遇者九五之義正直故也大師而後相遇言必相克而後遇也得正直之道者其莫能遏抑如此

上九同人於郊无悔象曰同人於郊志未得也

郊者遠外之地上九處一卦之外同人於郊雖無三四之爭亦無九五號咷相克之難亦無悔尤志亦未爲得也蓋道心之神雖與萬衆應酬如天地之變化風雨散潤日月照臨四時錯行自得亨通之道斯爲得矣居遠外避悔咎未爲同人之大道

䷍乾下離上大有元亨彖曰大有柔得尊位大中而上下應之曰大有其德剛健而文明應乎天而時行是以元亨

大有同人皆五陽一陰同人柔得位得中而應而大有則得尊位大中而上下皆應之夫與人必柔剛則忤物此古今之常情不可違者故二卦皆用柔尊位則勢之所行者廣中一也安得有大小之異而同人止曰得中大有則曰大中何也中無大小人有大小賢人之中無作好無作惡無偏無陂無反無側聖人之中亦無以異於賢人之中而剛健如天文明如天如日月之代明如四時之錯行變化正大則非賢人之所及也是謂大中賢非無剛健文明之德不爲事物所遷移即剛健也發諸文爲條理不亂緝熙光明物莫之蔽即文明也惟聖

人盡之賢者未盡故大中之道惟聖人可以當之孔子曰古之有天下者必聖人六五柔得尊位王者之事聖人之事故曰大中以聖人之道居至人之位又以其道行之其上下無不心悅誠服而應之矣故曰大有人君之有天下非有其土而已有其人也有其人者有其心也有剛健文明之德而有毫髮不與天爲一是爲不應乎天應乎天矣而文爲舉措有一不能隨時而適宜則猶未盡大中之道曰剛健曰文明曰應乎天曰時行非果有若是不同之實也人心自善人心自靈人心自明人心自神人心自備衆德萬善自與天地無二自有變

化隨時中節之妙特聖人不失其全賢者猶未精一未全故不同聖人盡此大中之全故元亨元者大中之本亨者大中之亨通

象曰火在天上大有君子以遏惡揚善順天休命

柔得尊位大中而上下應之可謂天之休命矣君子何以順之善者天之心也惡者非天之心也惡不遏則亂則民被其毒善不揚則正道不行民不被其澤治亂安危之機在善惡揚遏之間而已火在天上明照萬物有別白善惡之象以是知遏惡揚善天道也卦中自著此象

初九无交害匪咎艱則无咎象曰大有初九无交害也

大有之時聖君在上四方咸仰初九雖在下亦當出而交當出而交而不交則害者害道也害吾之德也當入而出爲踈動當出而入爲固避皆非正道聖人誨之曰出而交匪爲咎也克謹艱則無咎象曰大有初九無交害也謂在大有之時則害在初時則未必害也乾初則貴潛需初則貴其不犯難履初則貴其獨行惟大有之初則貴其交也

九二大車以載有攸往无咎象曰大車以載積中不敗也

此人臣之大有也有人臣大有之德方能成人臣大有

之業臣之事君如車載物大車則無所不載豈惟無所不載而已亦可載之而往言車力之有餘德之大者無所不備無所不濟泛應曲當通行而無礙必無咎九二陽剛中正有大車之象積中不敗者言厚積物於車中車不敗損猶大德無所不堪任也若德之小者得其一失其二得其二三失其六七難乎免於人之咎允矣

九三公用亨于天子小人弗克象曰公用亨于天子小人害也

左傳曰公用亨天子三居下卦之上是人臣而居高位爲公公者道德全備之稱公則能敬亨于天子小人無

德而居此往往多爲亂

九四匪其彭无咎象曰匪其彭无咎明辨晳也

九四居近君之位事謙柔之君而已乃陽剛之体殊不順也宜謹宜敬無使彭大見諸事狀則免咎矣非明者豈能辨晳事宜如此往往迷於勢利必取禍而後已九四入離卦有明象

六五厥孚交如威如吉象曰厥孚交如信以發志也威如之吉易而無備也

六五謙柔任賢誠信交孚疑有太柔無制無威之象而六五大中離明自有威如之吉是威非六五有意立威

以備防臣下之僭越也六五大中之道心無思無爲寂然不動交如之孚威如之吉如鑑中之象如日月之照臨如天地之變化故曰易而無備也坦坦平易初無戒備之意而自有道德之威也

上九自天祐之吉无不利象曰大有上吉自天祐也

孔子嘗舉此爻兼明人助并發信順尚賢之義非專釋此爻也舉此致教於人故推言及順信尚賢夫道一而已矣縱橫言之無不可者特以此爻無順信尚賢之象不必以順信尚賢爲言也此爻爻辭並不言所以致祐之由而遽曰自天祐之吉無不利者何也無所爲而天

自祐之天道無爲故也大有晉大之世上九超然一卦之外不墮於有中善有不有善外非離爲無所爲不可度思矧可射思天人一道故天祐之大有大有之上難乎具吉大有上吉惟天知之故天祐之孔子曰知我者其天乎又曰吾無知也惟其無知人不知惟天知無知即無爲無知無爲照臨不遺順亦在斯信亦在斯尚賢亦在斯

楊氏易傳卷之七

宋寶謨閣學士慈谿楊簡敬仲　著

明　後學盧陵劉日升

豫章陳道亨　校

漳浦林汝詔

豫章饒　伸　仝校

䷎艮下坤上謙亨君子有終彖曰謙亨天道下濟而光明地道卑而上行天道虧盈而益謙地道變盈而流謙鬼神害盈而福謙人道惡盈而好謙謙尊而光卑而不可踰君子之終也

謙損謙退人疑不亨智者觀之惟謙乃亨愚者觀近智者知終君子有終謙之效也是故彖詳言謙亨之驗天氣下濟於地謙矣而天体光明非亨乎地道卑謙矣而地氣上行非亨乎月盈則虧日中則昃天道之虧盈益謙如此山高而崩水溢則決至於卑坎則受衆流地道變盈流謙又如此鬼神又害盈而福謙人道又惡盈而好謙謙似卑而實尊似晦而實光雖卑恭而實不可踰所福也所好也尊而光也不可踰也此君子之終也夫謙亨一言足矣而聖人諄諄復復至於此者何其辭費也人生而私其己乳曰己乳少長而食曰己食有奪之

則爭愛則喜有怒之則啼又其長也人譽之則喜有言其失則不樂大禹神聖特以不矜不伐稱則人之好矜伐者衆矣聖人深知夫人情難克其己私如此故詳其言指切其驗庶幾其或省也亦猶乾文言水火雲龍風虎之喻使人之己私消盡則道心虛明無我無体如天地如日月如變化自生當剛則自剛當柔則自柔當謙則自謙如四時之錯行也

象曰地中有山謙君子以裒多益寡稱物平施

地中有山昭然有裒多益寡稱物平施之象山崇高今乃降而在地中地卑下乃在山之上君子之治人以其

多者爲盈理宜裒之不足爲謙理益宜之多者高盈之類寡者卑謙之類此道天地神人之所同也繼曰稱物平施者裒多益寡之謂然所謂平非一切平齊之也稱物而施之得其平也列爵惟五有五等分土惟三有三等貴賤貧窮大小長幼各有其等隨其等稱其物有多焉則裒之有少焉則益之於義爲平於人心爲平是爲稱物平施

初六謙謙君子用涉大川吉象曰謙謙君子卑以自牧也

六柔而又居下是謂謙謙之至也爲人謙爲君子而況於謙謙乎大川險難殊爲難濟今謙謙君子乃能濟

之者以謙爲人之所好鬼神之所福而天道之所益者險難有可濟而況於餘乎象曰卑以自牧者非謂致力彊勉以自牧也使猶假勉彊致力則謙不出於誠人將不信安能濟險人心自未始不謙嘗謂平時賓主交際未嘗不相敬忽有面致推譽之辭未嘗不退然繼以謙抑不敢當之言爲謝此不待矯揉審處而施也其應如響此足以驗人心之本謙及其有犯於外始作於忿而不謙至於君子則無忿無私其謙謙乃其常性所自有自不敢自矜自伐自不敢尚人其發於容聲自卑自恭自無有毫髮彊勉之意其曰自牧謂夫衆人疑卑損之

至盡推其善美以與人將不能自安養故曰雖卑而自足以牧養自有利用安身之報雖大險尚能濟之其無所不利可不問而知也

六二鳴謙貞吉象曰鳴謙貞吉中心得也

謙多發於言故曰鳴謙鳴謙有發於中者有發於外者上六鳴謙發於外六二鳴謙發於中二居下卦之中由中之象也鳴謙雖中而施之有正有不正其心不必施而施與夫施之有宜而過者皆不正也故貞正則吉中有中心之象又有中道之象六二之貞吉得中道故也六二之貞非外鑠之非取諸外也鳴謙也貞也皆中心

所自有此心人皆有之而自不知自不信是雖有此良心而猶失也至於六二可謂中心得也

九三勞謙君子有終吉象曰勞謙君子萬民服也

謙諸爻唯三猶陽而居下卦之上有功勞之象焉是有勞謙者也謙之有終已見於彖辭之詳凡謙必有其終而况於勞而謙乎凡謙已爲人之所好而况於有勞而謙萬民之服也萬民咸服其有終不言而可知

六四无不利撝謙象曰无不利撝謙不違則也

易之所以尚中正者何也人心本中本正惟其動於意而微加焉則失其中正微損焉則失其中正箕子作範

所以諄諄復復乎無作好無作惡無偏無黨無反無側王道蕩蕩平平正直所以深明乎人心之本正懼其昏而差差而過過而亂也六柔四柔坤體又陰柔又不中有過乎謙之象故聖人教之撝去其謙又恐其疑也又曰無不利撝謙象曰不違則者言雖撝去其謙不至於違則也多者裒取之始得中也去其過焉則本中本正之心自昭明矣

六五不富以其隣利用侵伐无不利象曰利用侵伐征不服也

謙德之柄也言謙之足以用人也謙者天地之所益鬼

神之所福人之所好施謙即能用人人樂爲之用而况於六五居君位而謙六柔坤体又柔而謙之至乎故不必富而自能以其鄰者以用也惟富乃能用其人今不富而能用鄰者以人君而至謙足以深得人之心也有君如此天下所咸服而有不服焉天下之所共怒以咸服之人攻所共怒者其利也孰禦者若巳服徒以私怒貪地而征之則適足致禍

上六鳴謙利用行師征邑國象曰鳴謙志未得也可用行師征邑國也

上六居一卦之外有鳴謙于外不由中之象謙不由中

其志未得也言其心志之有失也人心即道心志之得爲道之得心志之失爲道之失六二曰中心得也同人之上九曰志未得也夫不以中心與人而外爲鳴謙人所不服也所不應也志有之愛人不親反其仁禮人不答反其敬治人不治反其知行有不得者皆反求諸已其身正而天下歸之可用行師征邑國請當自反攻治其已也邑國有已邑之象夏王率割夏邑商邑翼翼四方之極盤庚不常厥邑武成我大邑周公作親大邑皆謂已邑又曰歸而逋其邑亦已邑

䷏坤下震上豫利建侯行師彖曰豫剛應而志行順以動豫豫

順以動故天地如之而況建侯行師乎天地以順動故日月不過而四時不忒聖人以順動則刑罰淸而民服豫之時義大矣哉

夫卦之所以爲豫者何也九四有剛德而五陰咸應之位又近君其志行矣而下坤順上震動有順以動之象有剛德足以立又人心應之四位近君而志行又順動不失其道合是數者此所以爲致豫之道也剛不足以立則非道人心不應亦非道世固有執正之道以令天下而人心猶不應者此必有其故也必其有未盡道是其應之一言亦殊不可忽剛矣不得近君之位則志不

行亦弗克致豫順動正言豫道之本道一而已矣而乃有如是云云曲折之狀者道固有如是曲折萬變也此其所以名之曰易易有變之道也是道不離乎人心人之道心自剛自無不應自能順動諸卦彖辭多言曲折變異之狀聖人所以明大易之道也或者往往溺諸人情事狀不悟其卽天下何思何慮之妙也豫利建侯行師豫悅也建是侯而人悅則建之行是師而人悅則行之然則何以致人之悅豫順動其大旨也順動天地之道也天地豈曰吾以順動哉自變自化人自謂之順動日月自不過而有常度四時自不忒而有常序聖人之

順動郎天之順動聖人雖曰順動而實不能自言順動之狀故曰言不盡意又曰予欲無言又曰吾有知乎哉無知也又詩稱文王不識不知順帝之則使有知有識則不足以言順矣而刑罰自清而不繁民心自服而化刑清民服豫之時也其義爲如何民服之時亦豫之時也其義爲如何民服之時亦安知其所以爲義哉民服之時尚不能自知而況於日月不過之時四時不忒之時哉又曰豫順以動豫卦之義也此尚德而言至於民服之時日月不過之時四時不忒之時誠莫得而索其義也其義莫得而索者豈不甚大矣哉大矣哉之易義

大易之義也六十四卦之義也三才之義也順動之義也順動之義可言也而亦不可索其狀也孰順孰動其機不可得而知也其狀不可得而執也民之所以悅者此也日月之所以不過四時之所以不忒者此也易卦之所以爲六十四卦者此也而聖人不皆言之何也皆言之則繁也贅也舉一隅可以三隅反也聖人亦已屢舉之矣他卦可以通也

象曰雷出地奮豫先王以作樂崇德殷薦之上帝以配祖考

雷出地奮有暢達之象人樂暢達達之於金石絲竹革

木匏土之聲卽雷之聲也無二聲先王作樂非以縱人之欲也人生不能無樂而其樂有邪正焉其樂由德性而生者雖永言之嗟嘆之不知手之舞之足之蹈之無非德者無非正者其樂由放心而作者則爲淫靡之音繁急之音鄭衛之音朝歌北鄙之音先王作中正之音莊敬之音和平之音無非德性之樂故先王之樂足以感人中正莊敬和平之心是謂易直子諒之心足以消人放逸淫靡繁急之心故曰移風移俗莫善於樂蓋聲有無形之妙足以深入乎人心中正之心人所自有惟其無以感之今中正之音感之於外則其機自動其化

甚斂故曰作樂崇德不惟愚不肖賴樂以感動而賢智亦以樂養德殷盛也盛薦之上帝而配以祖考即雷之自地而出奮而達於上也上帝之心祖考之神樂之德一也非先王取此象而作樂薦帝配祖考也聖人取其象同者類而言之所以漸明其道同也人心之蔽未易頓啓漸明其同者則餘不同者亦漸通矣孔子曰予一以貫之非止一二事比同而已三才萬狀自未始不一而蔽者自紛紛也莊周之學淺矣亦曰勞神明爲一而不知其同也

初六鳴豫凶象曰初六鳴豫志窮凶也

居下位之道當安靜無動今也悅於豫遽鳴而趍之凶道也夫位之在下未爲窮也顔子陋巷簞瓢何窮之有今初六豫而鳴其志窮矣鳴則求失道妄求必致凶初六不中有失道之象

六二介於石不終日貞吉象曰不終日貞吉以中正也

水靜則清清則明人靜則清明人心本清明惟動故昏六陰二又陰陰靜也有至靜不動之象人之本心自靜自清明惟因物有遷者多故以不遷於物者爲介爲如石其實非致力作意而固執之也作意固執非靜也非如石也子曰介如石焉寧用終日斷可識矣盖不爲悅

豫所動不爲動所亂則尤清明之至性自無所不照動雖幾微已知吉凶之報矣何待終日此謂貞正之道此謂吉之道中卽正一言之謂之正可也兩言之謂之中正亦可也中正皆無實體皆所以發明道心言其不流於邪謂之正言其無所偏倚謂之中人心微動則流矣流則有所倚倚則有所偏動流偏倚無非邪者此爻首發不動流之旨故曰貞而象則詳明之故又曰中

六三盱豫悔遲有悔象曰盱豫有悔位不當也

盱者上視不直之貌六三上比四九之陽陽有豫悅之象而六三上比之有進以求豫之象而三與四非正應

有非其道之象四震體震起也無下豫之象然則三進而求豫致悔之道也夫求而不獲有多悔三爲陽爲動有遲疑不欲進之象故益增其悔三居下卦之位亦尚失其德如此

九四由豫大有得勿疑朋盍簪象曰由豫大有得志大行也

九四以陽明之大賢五陰咸應之天下皆由之而豫況上承中正柔德之君君臣道同志合未見有毫髮間之象況象心並應無可疑者大抵賢者之心克艱克謹不患違道茲乃恐其戒懼太過失大有爲之時則亦於大

易之道猶爲未盡而四海之内必有不被堯舜之澤者矣故曰大有得言其無失也勿用致疑朋來感應如萬髮合總於簪無一髮一人之不順象又曰志大行也皆所以贊其大有爲啓易道之大全也

六五貞疾恒不死象曰六五貞疾乘剛也恒不死中未亾也

六五之象不逮六二六二於豫悅之中而寂然不動六五陰爻亦非遂遂乎豫悅者惟其未能無我其中未能盡亾故爲正道之疾疾者病之小者大體非紛紛動者特其中未能全無我者恒一不死言其意終不死象曰乘

剛者九四爲剛六五乘之剛者堅物人執義之堅如之然此乃妄意強立己私此心中虛實無我其妄立我乃外意爾非虛中之所有故象特發乘剛之象以明其在外六靜也而有五恒不死之象學道孜孜學不動心而其中隱然未能脫然而虛者往往而是故聖人於此致其誨

上六冥豫成有渝无咎象曰冥豫在上何可長也

沉冥於豫樂至於此可謂已成而難於救矣而聖人教謂於此渝變亦可無咎人患不能改改則無過象曰何可長也言其冥豫而而又在上禍至不久矣何可長如

此也不仁而在高位是播其惡於衆故其致禍速

䷐震下兌上隨元亨利貞无咎彖曰隨剛來而下柔動而說隨大亨貞无咎而天下隨時隨時之義大矣哉

剛本居上柔本居下今也剛乘而居二陰之下動而說隨者以深得乎人之心也易曰以貴下賤大得民也元亨利貞之義也屯彖所釋言之詳矣六十四卦皆可以言元亨利貞也有言焉舉一隅可以三隅反也不必贅也六十四卦皆易也無大卦小卦之異也亦猶曰大矣哉非獨取此數卦而餘卦不言可也偶於此言之可以通餘卦也元以始言可也以大言亦可也自心通内明

者觀之縱言之可也橫言之可也無不通也大亨貞正又無咎無尤而隨時之道盡矣亨通之際人多失正至於大亨尤難大亨而不失其貞正則非得道者不能大亨貞正矣而亦未免於咎尤者於道尤爲未盡也蓋人情有曲折時變習俗之不同惟道德之全者睿智畢照變化云爲靡不中節故大亨貞無咎而於天下可以隨時而無不通矣時變之來無窮時變之狀無定古無可稽之典近無可法之則事變忽生人情忽變而欲隨時而應舉不失義非得易道之大全其孰能與於此然則隨時之義豈勉強之所能豈學習之所到易曰不習無

不利惟不習者得此義矣易曰天下何思何慮惟無思無慮者得此義矣得此義如水鑑洞照萬象如日月徧照萬物自神自明不可度思自孔子尚不能詳言其義惟曰大矣哉豈學習思慮之所至乎以習學思慮而至者必有所倚必有所偏必不能隨時而皆中此義與六十二卦之義同

象曰澤中有雷隨君子以嚮晦入宴息

澤中有雷雷隱於陰晦之中也其在君子則當嚮晦昏暮之時而入內寢宴息也學者毋曰宴息末也易道不在焉吾見一動一靜無非易道之妙者顧百姓日用而

不知索之隱即君子之息道無二也聖人姑取其類使人心漸通通乎一則雖不一者皆通皆一矣

初九官有渝貞吉出門交有功象曰官有渝從正吉也出門交有功不失也

官司各有所守不可渝變也今渝焉隨時之義也其事可變也其貞正之義不可變也故貞則吉失正則凶壓於勢變輒失其正者多矣凶道也能正吉也若有能出門而交無所私係則人情咸應而有功不止於吉而已盖有所係則有所失無所係則無所失六二係小子則失丈夫六三係丈夫則失小子象曰出門交有功不失

也初有出門之象

六二係小子失丈夫象曰係小子弗兼與也六三係丈夫失小子隨有求得利居貞象曰係丈夫志舍下也

陰與陰不相得陽與陽不相得惟陰與陽有相得之象隨時適變不主故常故六二雖與九五正應九五有丈夫之象人乃變其常近係初九而相得此變之不善者也故曰係小子失丈夫雖六二與九五亦有陰陽相應之象然既已近係於初九則勢無兼與之理故象曰弗兼與也言係一則失一以爲貪小失大之戒六三雖與上六本正應今也兩陰本無相應之象唯近雖九四之

陽明六三變常而隨近則六二亦近也三乃不隨六二而唯隨於四此變之善者也故曰係丈夫失小子謂係九四之丈夫而失六二之小子象又曰志舍下也言舍其陰下也兩陰無相得之象故六三有舍六二之象三係於四得其所隨故隨所求而皆得此雖隨時適變之善然變者君子之所難變常患乎失正故戒之曰利居貞居之爲言雖暫正而不能安也

九四隨有獲貞凶有孚在道以明何咎象曰隨有獲其義凶也有孚在道明功也

九四下有二陰相隨之象九四得衆心之隨而陽實自

任以爲己之所獲如此則雖正亦凶也夫人心之所以應者固以我之正也不正則人不服而九四不可以爲己有當曰斯謀斯猷惟我后之德苟有毫髮以爲己能之心則失其道矣故雖正亦凶夫有獲之心己私也有私己者雖人君不能免凶而況於臣乎而況於居近君之位其可不敬懼乎故曰其義凶也其義凶矣心不免有孚在道以明則不以爲己獲矣道心之中無己私果無己私則自足以取信於人無己私則明明無己私然則孚也道也明也一也而象又專言之曰明功也者何也道心人人之所自有己私人人之所本無惟昏故私

惟不昏則吾卽道虛明無我本無所私故歸功於明之大臣近君疑閒易生恐正人自信自以爲合道而其實未明至於禍已成而莫之見此聖人所以由致誠告也

九五孚于嘉吉象曰孚于嘉吉位正中也

孚信也嘉吉美也九五所信者善美則所用者賢矣用賢人君之吉也孚信亦有隨之義也者何也惟聖知聖惟賢知賢惟有中正之德者能知中正之人九五所孚者嘉則知九五之德亦嘉惟堯知舜知禹稷契皋陶惟湯知伊尹惟武王知十亂至唐明皇始正而信姚宋終邪而信李林甫以一人之身而賢否異任一視夫君心

之正不正然則九五之孚於嘉一本乎德之正中曰位者言乎得尊位而又有中正之德也

上六拘係之乃從維之王用亨於西山象曰拘係之上窮也

隨之拘天下靡不悅隨而猶有頑固未之聽從則爲之上者不可遂置之而不問故拘係之乃從維之周伐商四方無不心說誠服矣及其久也商頑民終未從故周公遷之洛邑即拘係之謂也然周公亦非一於用威其曰維之者寬以養之也多方君陳畢命三篇備見寬維之意山有阻隔不通之象西者陰幽昏塞之象王者於

此必有道以亨通也周之治卒於囹圄空虛四十年人皆有士君子之行此亨通之效也象曰拘係之上窮也者謂事至於此窮極不得不拘係之也

䷑巽下艮上蠱元亨利涉大川先甲三日後甲三日彖曰蠱剛上而柔下巽而止蠱蠱元亨而天下治也利涉大川往有事也先甲三日後甲三日終則有始天行也

上九之剛有自下而上之象初六之陰有自上而下之象夫剛來而下柔則說隨上下不交則否今剛自上柔自下剛柔不交上剛而好自任下柔而一於從一於柔巽聽從不敢有所爲而止則事安得而不蠱壞巽柔艮

止其象昭然然則治蠱有道乎有斯道也何道也六十四卦之道也易之道也一也亦謂之元乾元坤元即此元也此元非遠近在人心念慮未動之始其元乎故曰天下何思何慮孔子曰吾有知乎哉無知也文王不識不知順帝之則人惟因物有遷而動於思慮動於思慮而後流而不交昏而亂則蠱益蠱壞益壞矣何能有所亨何能致天下之治元亨則可以涉大川矣天下無事之時則不一復有所事今天下蠱弊非有所事焉不能濟故利涉大川者利乎往有所事也無妄之不可往與蠱之往有事一也唯其時也唯其一也人情怒其蠱弊

其治之多失之剛此非易之道也天下事大抵當剛則剛當柔則柔蠱之時不患乎不剛患不柔爾甲屬東方仁柔故取焉先三日後三日者事不可忽易不可不深慮遠思先事三日而圖之後事三日又慮之慮其始而圖其終以消息盈虛終則有始天行也泰極則否治極則復蠱不可不戒戒則免至於巽卦則人情柔巽之時患乎不剛故曰庚先庚三日後庚三日唯其當於道而已矣一也前曰何思何慮此曰遠思深慮者何也一也唯無思無慮者乃能遠思深慮即此思慮之時實亦何思何慮如水鑑之照萬象雖曲折萬變而水鑑無思無

慮也如天地之變化雖風雨雷電霜雪之散動交錯而天地無思無慮也必得乎此而後可以爲得易之道人心即道覺則爲得得非外得道心非思爲變化無始終

象曰山下有風蠱君子以振民育德

山下有風有所振動育物之象蠱弊必有以振作之振作之者所以救其弊壞不正之習害道者以養育其德性耳其作之不可過之不可擾之使勿傷其德也書云惟皇上帝降衷于下民若有恒性克綏厥猷惟后人君無他職順民常性使安其道而已凡其禮樂刑政一出乎此禮防民之僞樂防民之情刑協民于中政率民以正

帝堯匡之直之輔之翼之使自得之又從而振德之自秦漢而下不復知有此事後世忿民之非僻蠱壞而振作之者安知民有德性而育之哉漢武遣繡衣直指之使惟誅擊之而已

初六幹父之蠱有子考无咎厲終吉象曰幹父之蠱意承考也

蠱諸爻皆取幹蠱之義初六之應在六四六與四皆陰至陰而在上有考之象考有蠱而子幹之有子則考無過咎矣考之蠱至於終考之身不能改豈不危厲哉有子能幹故終吉象曰意承者初六有柔順之象不得已

而幹父之蠱其意未嘗不順承者也其意則承其事則不可得而承矣承其事則蠱弊終不盡除蠱不盡除乃所以彰父之惡非孝也固有孝子不明其義一於順承因乃蠱弊殊爲失義

九二幹毋之蠱不可貞象曰幹毋之蠱得中道也

二剛陽在下六五以陰而居上巽乎六四之至陰六爲陰五爲陽非純陰者故有毋之象不幸而有毋之蠱不可正以幹之也其幹之當用其權焉權者雖用正而不過故曰得中道也二居下卦之中有道之象

九三幹父之蠱小有悔无大咎象曰幹父之蠱終无咎也

九剛三又剛雖巽体然幹父之蠱如此亦過中矣不能無悔人心至靈其有過差亦自知之故心亦悔之心悔之曰悔人尤之曰咎所以人不大咎之者既幹父之蠱則子爲正矣特過之於道爲未盡耳故終無咎

六四裕父之蠱往見吝象曰裕父之蠱往未得也

六柔四又柔不能幹而裕之者也如此而往則循父之蠱有不攺過之吝象曰往未得者言子之所以裕父之蠱以此而往不以爲愧其心蓋以爲孝也以爲得也故孔子正之曰往未得也言乎如此而往未可以爲得也

六五幹父之蠱用譽象曰幹父用譽承以德也

六五有中正之德而又得尊位以行之故有譽無譽則無德可知矣人君自不知其有德故此以譽驗之又慮人誤認其旨而求諸外也故象曰承以德也子幹父蠱未嘗不承於父也故每曰承承亦德性之所自有非動於外也

上九不事王侯高尚其事象曰不事王侯志可則也

君臣以義合有道則見無道則隱蠱壞之世故有不事王侯之義若父子則是屬與君臣之義不同無不事之義故此爻不言父子在父子則父子在君臣則君臣其實一也曰高尚其事者非聖人之本心也道心寂然矣

高奚卑人情喜進而惡退喜富貴而惡貧賤以進而富貴爲高以退而貧賤爲卑故聖人不得已而曉之曰不事王侯其事高尚也所以破昏迷顛倒之見也

楊氏易傳卷之七

楊氏易傳卷之八

宋寶謨閣學士慈谿楊簡敬仲　著

明　後　學廬陵劉日升　校

豫章陳道亨

漳浦林汝詔

豫章饒　伸　仝校

☱☷（兌下坤上）臨元亨利貞至于八月有凶彖曰臨剛浸而長說而順剛中而應大亨以正天之道也至于八月有凶消不久也

二剛浸而長君子之道長出而臨小人其與人未嘗不

和悅也未嘗不柔順也雖說而順而剛德之不可移易者自若也一無所偏一無所倚未嘗不中也應云者又以明人心之無不應也人心之差千狀萬態自以爲已之道長其與人弗克和悅者有之能和悅矣而不能不拂逆者有之說矣順矣未必有剛德剛矣又未必中說順剛中其德備矣而人情亦有未應者此必其智有所不燭明有所不及故設施亦有未盡中乎人情易道萬變誠非學者所能遽盡孔子必曰五十而後學易則知變易之道非大聖大智道立德備者終有所未盡然而說也順也剛也中也應也非旣學說又學順又學剛又

學中與應也行有不得者皆反求諸巳巳者心也心者五德之一也聖人設教合五者以明道心之全道心之見其可言者有五使闕焉者知巳德之未備知此道之未全其道一也曰白曰瑩曰溫潤皆所以明一玉曰黃曰剛曰從革皆所以明一金曰說曰順曰剛曰中曰應皆所以名一道元大也元亨利貞彖釋之曰大亨以正天之道也非貶於乾也乾彖以元統之文言又四之後又一之又不曰元而止曰乾亦猶此曰大而不曰元曰以而不曰利一也無不通也物物皆元事事皆元念念皆元大亨非元乎以正非元乎夫道一而巳矣或一言

之或兩言之或三四言之或易而言之皆是物也惟民生厚因物有遷應酬交錯與物亨通往往失正而況於大亨乎大亨而不失其正者非人之所爲也天道也大亨人亨也正人正也而曰天之道者明其不加人爲不流入於人心至動至變無思無爲是謂天性之妙是謂天之道也是謂道心道心人人所自有人之本心即道自是至動至變自是無思無爲自大亨而不失正而人自知自信者寡果自知自信則易道在我矣果不失其全則於臨自説自順自剛自中自應矣説順剛中而應之道即大亨以正之道故聖人通而言之孔子如四時

之錯行如日月之代明五十而學易七十而從心所欲不踰矩是大亨以正之妙此誠非學者窮思竭慮之所能到門弟子益力索之而不獲力爲之而不至孔子嘗歎曰莫我知也夫又曰知我者其天乎夫是之謂天之道也至乎八月有凶指二陰長之月也臨二陽長遯二陰長相反也凡一卦之變歷數七故復曰七日來復今臨曰八月者自一陽之始而計之復臨泰大壯夬乾姤遯是爲八也陰言月陽言日陽爲君子人心欲其速至故特促其期曰七日陰爲小人人心惡之故遲之曰八月人心亦易之道也二陰長小人之道長君子於是遯

故曰有凶凶者者明其處之盡道容有無凶之理君子之道終於消不可玩忽也不久者所以警之懼之使君子毋忽毋玩也葢人情慢忽以爲未遽至此者必至此也泰艱貞亦可免咎休否包桑致戒皆以明警之足以持盈守成葢消息盈虛陰陽之氣數也警戒持守道也陰陽生乎道故道可以轉陰陽之氣數特以人之盡道者寡而消息盈虛之數鮮有能易之者孔子曰聖人在上日不食今歷家謂日月之食乃數之不可易者而孔子云然歷家所筭亦不能盡驗于以知氣數亦有以人道修明而潛彌其災者此易道變化無窮之妙陰陽變

化無一日不自道心而生者善言足以退熒惑孝婦可以旱東海三才之機一而已矣

象曰澤上有地臨君子以教思无窮容保民无疆

卦巳發君子臨小人之義象又發君臨民之義皆臨也澤上有地則地臨澤有君臨民之象又有容保之象又有深遠無窮無疆之象象義著明書云民有恒性克綏厥猷惟后君人者之職如斯而巳故施教則思其無窮不可苟也居上當寬寬以容之亦非縱之所以保之非徒保其生保其常性思極於無疆教可以行於今不可以行於後非無窮也知其利不知其害不可也帝堯曰

勞之來之匡之直之輔之翼之使自得之又從而振德之其間曲折萬狀誠非苟簡率畧之所能盡既制產使之給足又設庠序學校既以禮教之又以樂教之禮又防其僞樂又防其淫又政以行其教以防其患刑以輔其教以禁其非精慮遠念彌縫周盡皆所以順民之常性而左右之容保之一舜何爲乎聖讒説殄行也説之似高而實不正行之詭異而殄絶不中誠足以惑衆亂常天道正而已矣天地以此建立日月以此照臨萬物以此生成君以此尊臣以此卑父以此慈子以此孝夫婦以此別長幼以此序朋友以此信其有異學邪説或

作意而支之或不及而縱之苟以爲是而安之千岐萬

轍人之意無窮其有差亦無窮故舜命龍作納言夙夜

出納又命禹出納五言女聽深知人心易差差則失正

則爲亂爲奸其禍不可勝窮故命官使之納五方之言

又出言以正救之也周衰雜説蜂起爲權利爲鄉原爲

刑名爲任俠比周之亂也井田壞學校廢教養之具亡

民無所容保不勝大亂矣

初九咸臨貞吉象曰咸臨貞吉志行正也九二咸臨吉无

不利象曰咸臨吉无不利未順命也

卦辭言君子臨小人大象言君臨民六爻又發凡上下

彼此相臨之義咸感也初與二位皆在下皆以其德足以感人而臨之初曰貞吉象又曰志行正也言乎所以感臨者本乎志之行正而已非有他也然初之德不及九二之中故象止曰志行正行正正矣而未至乎九二之得中道也大抵易諸爻多以二五爲得道所以得道者以其中正也中正雖皆道之異名而天下亦有正士而未得乎道者唯得中爲得道堯授舜舜授禹惟曰執中故九二之咸臨吉無不利異乎初之貞吉矣君臣感應相得之深亦足以大有爲矣象曰未順命者君臣一德一心咸感之至亦有未順君命箴違補過者矣此唯

盛德之士而又得聖哲之君而後可

六三甘臨无攸利既憂之无咎象曰甘臨位不當也既憂之咎不長也

兑爲説兑之成卦在三不如初與二之以德感人唯以甘説臨人小人之以甘説臨人者多矣人心終不服終無所利而以六居三陰陽雜焉有不安之象不安則憂憂則改矣故無咎六三下之上位稍高矣而臨人以甘不以德殊不當也人自爲咎人心違也既憂之則咎無亦不長矣

六四至臨无咎象曰至臨无咎位當也

四不得中又無陽明之德而亦不至於爲六三之甘臨天下故多此等人物旣至四之位其位則臨乎下無過尤之可指故人亦不咎之故曰至臨无咎言其至此位而臨無尤之者象曰位當也者言其位當臨人也止言其位則知其德不足稱也雖不足稱而過尤亦不著

六五知臨大君之宜吉象曰大君之宜行中之謂也

堯命舜曰執中舜命禹曰執中禹以是傳之湯湯以是傳之文武孔子曰中庸之爲德也其至矣乎又曰賢者過之知者過之夫以賢者知者猶不得之則今六五之得中豈不爲大智矣乎其不爲大君之至乎孔子曰古

之有天下者必聖人則大君宜得大中以臨天下是大君所以臨民之具而已禮以教民之中樂以教民之和和中之發也刑以協民于中政以正民正猶中也人君之職若民之性綏民之猷而已自古聖王未嘗不以道化斯民秦漢而下不復知有此事矣而況於得其道乎三代而上君臣雖知有此道而實得之者誠鮮矣商惟湯周惟文王武王自武王以下不得而與焉然則得中道者不爲知乎以是臨民不爲知臨乎象曰行中之謂者禮樂刑政之行也得中而未能行於天下者容或有之帝堯匡之直之輔之翼之使自得之又從而振德

之堯之行中如此其精也其具則禮樂刑政四者也不能行則無以臨民

上六敦臨吉无咎象曰敦臨之吉志在内也

敦有厚義又有不動意厚則不動矣書曰惟民生厚因物有遷厚則善厚則不薄薄則失其厚善之本性則逐物以遷動矣中庸曰大德敦化小德川流則敦有不動之義於是可驗俗以堆阜之類謂之墪亦見其不動見其厚今不失其本性雖臨民應物泛然有爲而其心未嘗遷動是謂敦臨故吉無咎象曰志在内也者以人多逐外故聖人反而言之爾然言不盡意聖人非謂留其

志於内也有啇猶未爲内也有内與外猶非内也孔子曰清明在躬非實有所在也此道不可以意度不可以言盡惟應變接物如四時之錯行如日月之代明者自知之此即九二之咸臨即六五之智臨而必與其辭者隨爻發揮上居一卦之表有不墮於事物之象上與六皆陰又有至静之象故發敦臨之義非天下有二道也

䷓坤下巽上觀盥而不薦有孚顒若彖曰大觀在上順而巽中正以觀天下觀盥而不薦有孚顒若下觀而化也觀天之神道而四時不忒聖人以神道設教而天下服矣

二陽在上爲下觀爲下所觀謂之觀夫王者大觀之道

豈小者之所能闚哉其道甚大何以明此道順而不拂巽而不忤中而無所偏倚正而不入邪以此觀天下故天下瞻之仰之自東自西自南自北無思不服人心不可强而服也不可以巧而得也舉天下四海之内同此心也此心卽道不失此心不以巳私窒之則此心無体無我淸明純粹夫有巳私則弗克順巽今無巳私矣如春如和氣其順其巽乃其自然有巳私則作好作惡必有所倚有所偏偏則不中則縱於欲入於非僻邪則不正今無巳私則好惡不作自無偏倚自中私慾不縱自不入於邪自正曰順曰巽曰中曰正皆所以發明道心

非爲巽又爲順爲中爲正也聖人不失此道心而天下同然之心如響之應聲如影之隨形矣夫是之謂大觀盥者盥手爲潔祭之初也未有所薦也觀之爲道如斯而已盥潔之時其心何如非言之可道非意之可度姑名之曰誠而其心中初無此一語有誠之意已不誠矣已不實直矣已動矣已僞矣非誠也惟曰如盥之時不必曰薦薦獻則意或動不足以明此旨惟曰盥則賢愚皆知其純誠不可以意度言喻矣聖人之設教也切矣的矣盥而不薦則下民自觀感而孚化矣顒若服信之狀也誠信如神無他奇功而感應者此豈不甚神此道

即天之道天道至神唯其神故四時之行無差忒聖人即天道亦神道無二神二道故設教而天下自服禮樂刑政皆聖人設教之具可得而畧言也聖人爲是父子君臣夫婦長幼朋友之禮所以因人慈愛恭敬之心而順以導之無敢小拂焉無敢過焉一循夫大中之性而左右之使不失其所自有爾而人之由之寔符默契自化自得自不知也非以神道設教乎聖人又因夫人心之不能樂樂者道心之神用也人惟不自明故昏故邪故致於淫於是作爲金石絲竹匏土革木以六律六呂和平中正之音默感乎人之中正之心自不知所以然

而自化也非以神道設教乎比有長閭有胥族有師黨
有正書其孝弟睦婣書其德行道藝以發其本有之道
心糾其過惡刑罰其罪尤又有以約其放逸之私欲復
其本有之道心夫惟其所無也故強之而莫從而道心
也者人之所有今既有以發之又約而歸之則復其本
有感其同然之機殆又捷於影響矣非神道乎

象曰風行地上觀先王以省方觀民設教

風行地上有無所不周徧之象聖人於是發省方觀民
設教之義觀亦有觀之義或言爲觀於天下或言上觀
於下民天下之義無所不通而况於觀乎心通内外之

士於此乎何疑彼章句訓詁之士往往窒泥夫易之爲道本明變易設教之畧前巳言之而省方觀民之道又爲急務省方巡狩也古者天子巡狩諸侯命太師陳詩以觀民風命市納價以觀民之所好惡志淫好僻命典禮考時月定日同律禮樂制度衣服正之其非巡狩之歲則有納言之官以納民言又出命以正救之又有訓方氏誦四方之傳道歲則布而訓四方以觀新物舜聖讒說殄行自以爲是而非亂德賊道周衰之世鄉原任俠刑名縱横異端邪説紛紛擾擾致禍於無窮者失省方觀民之教也先王隨方設教不主一説皆所以左右

斯民使無失其常性一之于道德也此又神道設教之詳者也

初六童觀小人无咎君子吝象曰初六童觀小人道也

初陰居下不應乎陽有童觀之象童幼何知小人童觀則不爲姦雄禍毒不深故無咎君子而無知則無以治國平天下無以啓佑後學故吝吝有鄙君子之意其在小人則乃爲得宜故曰小人道也

六二闚觀利女貞象曰闚觀女貞亦可醜也

闚觀小有所知雖異乎初六之童觀亦可醜也施之於女子而貞則務小不敢自大從父而已嫁則從夫而巳

故於女爲合道者夫士而闚觀亦可醜也士而闚觀者多矣孔子曰君子不可小知而可大受也小人不可大受而可小知也自孔門大受者猶難其人自顏子三月不違而下則有月至而下則有日至而已子夏雖好論精微而孔子戒之曰女勿爲小人儒及孔子没果與子張子游以有若似聖人欲以所事孔子事之强曾子曾子獨不可獨曾子可以免闚觀之醜爾月至日至謂閔子冉伯牛仲弓曾子之徒爾孔子之徒於子游子夏子張所以啟誨之者至詳矣尚不躋之大道然則此道非告語之所及非心思之可到孔子曰二三子以我爲隱

乎吾無隱乎爾吾無行而不與二三子者是丘也又曰天有四時春秋冬夏風雨霜露無非教也地載神氣神氣風霆風霆流形庶物露生無非教也此道至動而實未甞動孔子曰知者動明惟知道者得中之妙六二重陰非能知動中之妙者故爲闚觀爲不知道

六三觀我生進退象曰觀我生進退未失道也

六三居下卦之極將升上卦進退之際也君子之進非曰榮利也行吾之道以澤斯民而已當先自觀我生我生者我日用之所爲也觀我之日用果善邪則進其未善未可以進也則退夫其自觀未善而退因以未盡乎

道也而聖人許之曰未失道也未失道也一語乃繼退而生文古者立言之常也旨不因乎進也

六四觀國之光利用賓于王象曰觀國之光尚賓也

六三有退之象則六四有進之象矣六四之進乃觀國之光輝而進九五賢明中正在上上九亦陽明國多聖賢有道之禮樂刑政無作惡作好不動乎私意如日月之光無思無爲而及物自廣必如此而爲有道賢人斯敢進故利用賓于王坤卦曰不習無不利地道光也大畜輝光艮其道光明需光亨履光明未濟君子之光皆明安正不動而見於云爲之妙象曰尚賓也者明其國

貴尚賓賢可以進也明其禮賢國有道必尊賢禮士又以明士不可苟賤必有禮賓之道而後可進若自苟賤則何以行其道重已所以重道也

九五觀我生君子无咎象曰觀我生觀民也

五君位故言君道天下之治亂在已而已故觀我生惟君子則無咎象曰觀民者人患不自知聖人於是教之欲觀我生則觀民而已民治則我是民亂則我非民樂則已正民憂則已邪凡我之是非邪正一觀諸民足矣

上九觀其生君子无咎象曰觀其生志未平也

蘇子曰觀其生謂下民觀人主之崇高富貴居人之上

難哉人主高處士民之上萬衆咸仰而觀其生必君子而後無咎象曰志未平者明乎上九苟未能免萬目之聳觀則猶未能以化定民未能以德化民民志猶未平也孔子詳言聖人藏身之道惟以禮而已矣自王而公公而侯侯而伯伯而子男皆有等自君而卿卿而大夫大夫而士士而民皆有等車服有等宮室有等皆禮也尊者安尊卑者安卑貴者安於貴之禮而不過賤者安於賤之禮而無不足之意上下皆安行於禮義道德之中如萬物之於天地何觀之有何未平之有周衰漸廢其禮上失其所以藏身者故漸亾秦頓廢其禮上頓失

其所以藏身者故頓臣漢高縱觀秦皇帝曰嗟乎大丈夫當如此矣秦使民觀其生至於此又其止於未平大亂矣

震下離上 噬嗑亨利用獄彖曰頤中有物曰噬嗑噬嗑而亨剛柔分動而明雷電合而章柔得中而上行雖不當位利用獄也

頤卦初上皆奇而中爻四耦宛然有頤之象此卦又九四爲奇是爲頤中之物噬此物則嗑矣惟有物故噬噬而物亡而嗑則事濟矣非亨乎噬者除間之道也君子在上有小人間之則除之國已治有巨奸間之則除之

四方已服已和同有不軌不服之國則除之凡國之五刑所以治奸暴奸暴亦梗政者亦除間也至哉噬嗑之道乎三剛三柔分而平不偏於剛亦不偏於柔動而明如雷之動如電之明噬嗑之時明動合而成章章言其有理不紊亂也夫用威除間之際人情多失之偏多有所不察今也除間之時剛柔明動合而成章不偏不亂豈心思人力之所及哉無思無爲感而遂通如雷電之合作變化之神中節之妙不可度思矧可射思此大易之道也至於六五柔得中而上行上行則得位又得中道於除間之時而用柔順雖才不當位然利於獄也刑

獄之道本於仁柔罪疑惟輕寧失不經聖王之所哀矜若夫除小人除巨奸則才之柔者非所利也易道適變各有攸當

象曰雷電噬嗑先王以明罰勑法

雷威電明噬嗑之正象先王又致其仁厚之意罰罪之輕者謹而明之無一之或差則民知其不可欺而不敢犯矣法書亦平時勑正之或垂之象魏或讀之於閭又讀之於族又讀之於黨於州皆所以勑戒之欲其無犯

初九屨校滅趾无咎象曰屨校滅趾不行也

屨如校焉遂滅其趾屨趾所以行也今校之滅之則不

行矣禁之於初也則其惡不行亦無咎矣

六二噬膚滅鼻无咎象曰噬膚滅鼻乘剛也

噬膚言其易也亦言爲間者長惡尚淺故噬之易也鼻上通之象也滅之使其惡不得滋長而上通也爲間者必剛六二乘初九之剛以剛爲間義當噬也六二至柔也初九剛以梗政二之噬之何以如噬膚之易也彼梗吾政者義之所不容也矧其惡尚淺而易制也矧六二得位又以中正之道臨之也此其所以噬之易也噬膚滅鼻人疑其致怨咎聖人正之曰無咎也彼爲間而遭噬者往往心服而況於他人乎

六三噬腊肉遇毒小吝无咎象曰遇毒位不當也九四噬乾胏得金矢利艱貞吉象曰利艱貞吉未光也六五噬乾肉得黄金貞厲无咎象曰貞厲无咎得當也

噬莫易於噬膚莫難於乾胏次腊肉次乾肉小物之乾者曰腊此盖以彼閒之淺深與已德大小爲難易二除閒於膚淺三漸深故爲次難四又深尤難至五當益深益難而曰噬乾肉止爲次難者以其有黄中金剛貞正之盛德又以尊位行之無毫髮之失也故曰得當也故雖厲而無咎夫彼爲閒三噬而除之當也而反遇毒者三無德焉不當位也無德者雖行之以正猶難濟雖然

三非間者彼爲間而三除之於義爲正雖有小吝終於無咎至於四則間益深益大故曰噬乾胏或作胏子夏作脯子夏在孔門當從其本文五剛失直不如黄金中剛之善矣故利於艱貞則吉象曰未光言九四之猶未盡乎道也易諸卦爻唯曰艱貞不曰艱中者貞可以勉而至中不可勉而能六五之黄中非九四之所能勉而至也故曰中庸之德其至矣乎民鮮久矣

上九何校滅耳凶象曰何校滅耳聰不明也

此爲間者爲惡至於上則極矣初九始于足上九登於首矣今獄具亦有首足之校聖人於是猶發揮其本始

日本於昏而已矣聰不明者昏之謂也人心本善因昏

而失言其非無良性也昏故也小人省此庶乎其瘳矣

楊氏易傳卷之八

楊氏易傳卷之九

宋寶謨閣學士慈谿楊簡敬仲　著

明　後　學廬陵劉日升

豫章陳道亨　校

漳浦林汝詔

豫章饒　伸　仝校

☲☶ 離下艮上 賁亨小利有攸往彖曰賁亨柔來而文剛故亨分剛上而文柔故小利有攸往天文也文明以止人文也觀乎天文以察時變觀乎人文以化成天下

先儒以爲此卦本下乾上坤坤之上爻來爲六二而文

乾分乾之中爻上爲上九而文坤靜觀六畫誠有斯象偏剛偏柔不可獨用必資相濟相賁以成章舜命禹征有苗剛德也伯益贊禹而班師以柔文之也成王質之柔者也周公以大聖輔之剛上文柔也本質剛大柔來文之則亨其功大本質大故也本質陰柔柔雖剛往文之僅小利有攸往而已本質小故也舜之得益禹周公之過成王非人之所得爲也天也其君臣相遇剛柔相遭相之功業大小皆天然之文非人之所能爲也至於文明以止一定不易之文則人文也人倫是也尊有常尊卑有常卑禮有常序其文甚明而萬古不易夫君臣

剛柔之所遇時變之形不可不觀而察之也人文人心之所自有自善自正順而道之左之右之使無失其所有而自化自成矣人文如此天文如彼其事不同而文則一也六十四卦其事不同道則一也學者至此卦往往不能不浸而轉於事惟覩其事不省其道大傳曰百姓日用而不知不可爲不知之百姓告也

象曰山下有火賁君子以明庶政无敢折獄

山者生育之所其下有火焉而明殊無用刑之象賁文也文柔德也君子知民之未化不在乎民也在我而已在庶政而已不在乎刑也在養之而已未有庶政咸得

其道而民不化者刑獄武德也武文之反也使其折獄爲本務無不得已之意焉則刑益繁民亦亂失本末之敘故也秦漢而下罕明斯旨

初九賁其趾舍車而徒象曰舍車而徒義弗乘也

初九在下義不乘車君子以義爲榮不以車爲榮義在於徒其榮在徒義在於趾其賁在趾人達此者寡矣故聖人於是發之

六二賁其須象曰賁其須與上興也

六二柔不能自立依剛而立亦猶須不能自興從頤而興九三一陽在上有頤之象六二耦而附于下有須之

象六二離體自知也明故能依九三而成賁其有不度德不量力妄欲以弱才獨任有覆餗之凶矣六二雖無吉亦免凶自知之明也

九三賁如濡如永貞吉象曰永貞之吉終莫之陵也

賁卦雖以剛柔相濟爲賁而柔以得剛爲美剛以比柔爲醜卦分剛上而文柔臣之事君不得已也比肩而居非所善也而九三居二陰之間乃有小人濡染君子之象天下之變固有不得已居乎小人之間而不失其體若爲小人所濡而實不濡也賁如濡如此君子與小人相處之道孔子見南子子路不悅者以其有濡如之迹

也而孔子未嘗失其正焉其正又未嘗不久他人之居乎小人之間者未必能正正又未必能久正之不永者利欲動之而不固也正之不永者作意爲之故有時乎衰也惟道心昭明道心無我道心非意有意則有盛衰無意則無盛衰也終始無二也故小人終莫能陵我也爲其所動而害吾之德雖謂之陵可也此聖人教君子之言當如是嚴也九三與上九皆陽無相應之象故有與上下陰相濡之象

六四賁如皤如白馬翰如匪寇婚媾象曰六四當位疑也匪寇婚媾終无尤也

六四與初九正應而下比九三陰陽相比嫌有相與之情故曰當位疑也而六四正應於初應於初不比於三矣三之於四非正德也四之於初乃正應也正者君子之道不正者小人之道故以三爲寇皤白也六四賁如皤如言其潔白不爲小人所染汚也如白馬之釀往應乎初九之陽志專應乎正一無駁雜斷不與九三之寇爲婚媾不與九三之寇爲婚媾則人雖始疑之終不尤之也

六五賁于丘園束帛戔戔吝終吉象曰六五之吉有喜也

半山曰丘六五居艮中爻艮爲山有丘園之象六五以

丘園爲賁賁飾之世六五能反本善矣束帛戔戔然儉陋雖於賁之時爲吝嗇而終於吉象曰有喜者言六五之所爲雖人情之所不快而實可喜也六五有丘園之象故有戔戔之象

上九白賁无咎象曰白賁无咎上得志也

賁飾至如此極矣上九超然於一卦之外乃艮止其賁一以白爲賁焉一用質實疑人情之所不悅聖人於是示之曰無咎尤也人心不至於不悅忠誠相與人必不咎象曰上得志者人心本善本純誠而不雜禮文之興人心未必不流而入於僞故禮貴乎去僞又曰防民之

僞今也白賁則一由中心行之無毫髮致飾之僞故曰上得志也正人心之本然也周文之敝繼周者當用忠質亦人心之所厭也

䷖坤下艮上剝不利有攸往彖曰剝剝也柔變剛也不利有攸往小人長也順而止之觀象也君子尚消息盈虛天行也

以五陰剝一陽柔變剛也柔象小人剛象君子不利有攸往者小人之道長日盛君子不利有所往也順而止之卦有此象坤順艮止觀象可知也小人既盛不可遽止順而止之可也小人既極其盛盛極則衰亦有可以順止之理然不可必也一觀天消息盈虛之勢如何小

人果有消虚之勢則順而止之如其未消未虚是以天行之未可聖人所以繼言於後者深知順止之象不可必也君子亦何敢置己意於其間哉窮則獨善其身達則兼善天下進退作止無非天之所行也有毫髮未與天爲一君子耻之

象曰山附於地剥上以厚下安宅

剥之義悉具於卦畫之中而人不知省聖人於是發之剥之爲卦小人剥君子也而艮山附於坤地乃有厚下安宅之象何也剥之禍生於用小人剥不必厚下小人不剥下則無所便其私欲今欲救剥之禍當用君子之

道厚下君子之道也君子小人率相反民惟邦本本固邦寧剥其下則人心離人心離則誰與守邦取禍之道也豈不甚危厚下則民戴其上上之安宅如山之附於地其安固若此必無剥禍

初六剥牀以足蔑貞凶象曰剥牀以足以滅下也六二剥牀以辨蔑貞凶象曰剥牀以辨未有與也

足最居下辨者上下之際曰辨取象乎牀者牀人所安處今曰剥床㡀居上者知所懼也蔑無也貞正也小人剥牀無能正之則凶六爻惟初與二曰蔑貞凶言初與二小人之勢未甚壯尚可正之也過此則雖欲正之亦

無及矣禍成矣初象曰以滅下也明小人必剝下剝下所以奉上之私欲也二象曰未有與也言未有陽爲之應未有君子與之正救也

六三剝之无咎象曰剝之无咎失上下也

六三在羣陰之中獨與上九一陽應此小人稍識邪正不與君子相違獨爲剝之無咎象言其與上下衆小人相失也

六四剝牀以膚凶象曰剝牀以膚切近災也六五貫魚以宮人寵无不利象曰以宮人寵終无尤也

魚陰類宮人亦陰類皆小人之象貫魚以柔制之也以

宮人寵寵愛之如宮人也皆順而止之道制小人宜[illegible]

恐其不利也如貫魚如寵宮人則無不利矣故象曰終

無尤也無怨咎也

上九碩果不食君子得輿小人剝廬象曰君子得輿民所載也小人剝廬終不可用也

陽實有碩果之象碩本也陽為大君子為大陽極衰而復生陰陽無偏絕之理故碩果不食復於下生當是時小人盛極勢衰君子衰極勢將復故曰君子得輿小人剝廬君子本為人心所敬況今將復民咸載之矣小人為人心所賤況今勢衰如剝斯廬終不可用無庇身之

所矣

䷗震下坤上復亨出入无疾朋來无咎反復其道七日來復利有攸往彖曰復亨剛反動而以順行是以出入无疾朋來无咎反復其道七日來復天行也利有攸往剛長也復其見天地之心乎

復陽復也君子復也陽復則萬物發生君子復則治康是謂亨剥柔變剛小人剥君子也復剛反君子反復於內也言變惡其亂也言反喜其復也謂君子本當在內今復其所也喜君子惡小人萬古人心如此也人心即易之道也君子雖爲人心之所喜雖已反復於内苟動

而不以順行卽失人心卽轉而爲小人矣安能出入無疾朋來無咎夫天下惟有道而已順之則善逆之則害一日違之則有一日之害一事違之則有一事之害一念違之則有一念之害是故君子反復動必以順行而後出入一無疾害雖朋類咸來亦無咎消息盈虚咸有其勢一陽雖微其勢則長五陰雖衆其勢則消而况於君子之朋來乎而况於以順行乎必無咎尤反復其道七日來復天行也反復有數焉自姤之一陰生遯二陰否三陰觀四陰剥五陰坤六陰至於復是爲七陽言日陰言月故臨言八月亦以易道欲君子之早復故近其

期曰七日然消息盈虛之勢七之數雖天道不能違而況於人乎天人之道一也異乎天無以為人人心即天道人自不明意起欲興人心始昏始與天異意消欲泯本清本明云為變化動者天之動也靜者天之靜也反復天之反復也如是則全體天道寂然而感通無干時之禍無作意之咎既復矣則利有攸往矣剛長君子之道長故君子利有攸往此非君子之私意也亦天道也復其見天地之心乎三才之間何物非天地之心何事非天地之心何理非天地之心明者無俟乎言不明而欲啓之必從其易明之所而啓之萬物芸芸萬物循循

難於辯明陽窮上剥盡矣而忽反下而復生其來無自其本無根然則天地之心豈不昭然可見乎天地之心即道即易之道即人即人之心即天地即萬物即萬事即萬理言之不盡究之不窮視聽言動仁義禮智變化云爲何始何終一思既往再思復生思自何而來思歸於何處莫究其所莫知其自非天地之心乎非道心乎萬物萬事萬理一乎三乎此尚不可以一名而可以二名乎通乎此則變化萬殊皆此妙也喜怒哀樂天地之雷霆風雨霜雪也應酬交錯四時之錯行日月之代明也孔子曰哀樂相生明目而視之不可得而見也傾耳

而聽之不可得而聞也於戲至哉何往而非天地之心也

象曰雷在地中復先王以至日閉關商旅不行后不省方三才一氣三才一體是故人與天地不可相違腹臟作疾則首足四體皆爲之不安爲其皆一人之身也人事與天地乖戾感觸上下爲災爲害亦以三才一體故也雷在地中静人事亦當静亦以明人與天地一致舜禹十有一月朔巡狩往往於至日則不行耳其前其後无不可者

初九不遠復无祗悔元吉象曰不遠之復以脩身也

意起爲過不繼爲復不繼者不再起也是謂不遠復意起不已繼繼益滋後雖能復不可謂不遠之復孔子獨與顔子謂其有不善未嘗不知知之未嘗復行者繼之之謂意起卽覺其過覺卽泯然如虛之水泯然無際如氣消空不可致詰人心自善自神自明自無汚穢事親自孝事兄自弟事君自忠賓主自敬應酬交錯如四時之錯行如日月之代明如水鑑中之萬象意微起焉卽成過矣顔子清明微過卽覺覺卽泯然無際如初神明如初是謂不遠復微動於意而卽復不發於言行則不入於悔戾祗適也其嘗自覺意初起如雲氣初

生上未知其爲何意而已泯然復矣其何者猶爾而況於顔子乎若交又起而往則入於悔矣元始也復於意未動之始也是元卽乾元卽坤元元不可思元不可度姑謂之始又謂之大又謂之道心又謂之天地之心其曰元吉吉孰大焉象曰以脩身也明乎脩身當如此而脩

六二休復吉象曰休復之吉以下仁也

休者美之之辭六二親賢樂善虛心以下初九之仁世俗衆人往往以爲卑辱而聖賢則灼知其爲休美也故曰休復吉所以破俗情之蔽彰六二之美助好善之心

夫人親小人則不善之心日熾親仁賢則復于道矣象

曰下仁所以明爻辭之未著者也

六三頻復厲无咎象曰頻復之厲義无咎也

六陰三陽動善惡雜有頻復之象頻復亦危厲矣其有

不復則入乎惡豈不甚危既復則無過故無咎

六四中行獨復象曰中行獨復以從道也六五敦復无悔

象曰敦復无悔中以自考也

益六三六四皆曰中以三爻四爻居一卦之中故亦有

中行之象此六四之中行獨復與六五之中以自考略

相似而不同既曰中行則由道而行矣中者道之異名

而猶以復爲言猶以從道爲言何也孔子發憤忘食者此也顔子好學者此也得道而不能行則意不能動過未能寡何以成德是中行之復也何思何慮變化云爲渾焉一焉猶我而已是我無體是我無方是我無思是我無爲無爲而行是謂中行無倚無畔是謂獨復是謂從道是謂蒙以養正作聖之功也至於六五敦復無悔敦不動也不動而復象曰以自考者考成也中以自成無俟乎行而自成也敦復雖自封而有復名而實無復之可言蓋曰復敦復敦不動之復異乎諸爻之所以爲復矣進乎天矣聖功等級有此

上六迷復凶有災眚用行師終有大敗以其國君凶至於十年不克征象曰迷復之凶反君道也

既不能不遠復又不休復又無頻復放而不反至如此極迷復之道不止於凶又有災眚災眚天譴也如此而言已包括矣而經言行師國君者復舉此二大事而言以應筮者之問所告切的庶幾警懼而改也十年不克征亦繼繼不可之辭使知懼也夫族師者一族之所師黨正者一黨之所正州長者其賢足以長一州之人也國君則其德足以居一國之上也天下之君則其德足以居天下之上今迷復是反乎君道也

☰☳震下乾上无妄元亨利貞其匪正有眚不利有攸往彖曰无妄剛自外來而爲主於内動而徤剛中而應大亨以正天之命也其匪正有眚不利有攸往无妄之往何之矣天命不祐行矣哉

復則不妄矣未復則物爲主復則我爲主道心無外内外心卽内心惟人之昏不省乎内惟流乎外是故姑設内外之辭目之於色人惟見色不知視者耳之於聲人惟聞聲不知聞者心思之於爲事人惟覩萬事不知心思之所從起視者卽聽者聽者卽心思之所從起起莫知其所從用莫知其所終覺則復而爲主於内不覺則

放而爲客於外此心有至剛不可磨滅之妙昏猶金之混於沙泥明猶金之出於泥沙内非外内復者自知知無所思変化云爲動而健不隨氣以衰剛無所屈中無所偏姑名剛中豈思豈爲虚明而應羣心自随大亨以正天命在斯與物亨通而失其正是小人之中庸其所以至於無忌憚者盖由於斯故有眚元始也元大也始難於言惟曰大亨足以明矣下之至動足以發揮無妄之至神徒静猶妄至動無妄愈動愈神是謂無妄之貞孔子從心所欲而不踰矩大亨以正也不言所利利在其中不利有攸往禹曰安汝止是也言其本止而不動

意動則往矣往則爲妄矣動則離無妄而之妄矣故曰無妄之往何之矣離無妄而之妄離天命而之人欲天不佑也何以能行非天不佑自取之也

象曰天下雷行物與无妄先王以茂對時育萬物

與猶皆也天下雷行萬物皆無妄聖人於是指無妄以示人庶人心之或省也何以明是時萬物之皆無妄無妄本無可言本無可思雷動物生無妄可言而不可知不識不知帝則在斯非謂性此時無妄他時則妄也因其動生之機發而易明也省則物我一矣先生對時茂育萬物禁其傷害仲春毋竭川澤毋焚山林季春置罘

罔畢弋無門毋伐桑柘孟夏毋伐大樹季夏虞人行木毋有斬伐皆所以順天道也

初九无妄往吉象曰无妄之往得志也

此無妄之往異乎彖辭之云彖辭謂舍無妄而他往也此謂以無妄而往也乃真心而往也彖所言無妄之往動於意而離是謂失其道心道心者人之本心也真心非放逸之心也雖動而未嘗離也正吾心之本也故曰得志也

六二不耕穫不菑畬則利有攸往象曰不耕穫未富也

必耕而後可穫斷無不耕而穫之理田一歲曰菑三歲

曰畬斷無不菑而畬之理然而此爻曰不耕穫不菑畬則利有攸往者其義何也爲之而成作之而得者皆萬世横目之所知也不爲而自成不作而自得者無妄之妙也六二至陰至靜而得中有得其道之象聖人於是發揮其妙盖不思而知不爲而爲者無妄之妙也道心至靈至神至明变化云爲如氷鑑之照物如四時之錯行如日月之代明孔子不逆詐不億不信而抑亦先覺其詐不信色勃如屛氣似不息終年應酬終日不食終夜不寢而思而又曰吾無知也此非訓詁之所解也非告語之所及也又曰哀樂相生明目而視不可得而見

也傾耳而聽不可得而聞也夫哀樂皆可見也皆可聞也而曰不見曰不聞萬古之所莫解也而智者之所默識也禹曰安汝止人心自有寂然不動之妙唯不安而好動故昏故夫禹之所謂止非無喜怒無思爲也終日思爲而未嘗動也雖有喜有怒而未嘗動也如此則不妄如此則利有攸往往者以無妄而往也不然則往皆放逸也何利之有未富之者中虛無實之謂因不耕穫而發此義孔子與門弟子言每每戒其意戒其必戒其固戒其我皆所以攻其害道者使虛也

六三无妄之災或繫之牛行人之得邑人之災象曰行人

得牛邑人災也

六三無妄之爻非爲邪者以未能不作意不能不立於我故謂之災人性本善本神本明作意則昏立我則窒意作我立如雲翳空如塵積鑑所謂本無妄者災矣災非其本心之所欲也志在於善反罹其災志在於得反有所失心在於靜得靜則失動矣心在於一得一則失二失三四失十百千萬矣心在於萬則得萬得萬又失一心在於同則得同得同則失異矣心在於異則得異得異則失同矣心在於實則得實得實則失虛心在於虛則得虛得虛則失實心在於中則得中得中則失四

方心在於四方則得四方得四方則失中心在於知則得其知得其知則失其不知心在於不知則得其不知得其不知則失其知大抵有得則有失無得則無失無得則得無得得無得則又失有得矣有得非粗無得非精愈深愈窮無深無窮唯自覺者四闢不通變化無窮是爲大中莫究厥始無窮厥終無得尚不足以言之而況於有得乎故取或繫之牛爲象行人之得邑人之災象又曰行人得牛邑人災也有得則有失其旨益明六陰靜三復陽動有意我之象

九四可貞无咎象曰可貞无咎固有之也

九陽動四陰靜三與四皆非中道六三雖靜而不能不動九四則自動而之靜去妄而學無妄自聖人觀之九四未免於習未覺其本未可以爲大正然寢釋其意寢消其蔽有損而無加有寡而無多意蔽消則性自明意蔽大消則性自大明雲氣去盡則日月自昭夫明德人所自有學者惟自昭其明德而已覺則明不覺則固難乎其明然九雖未覺未中唯漸釋意蔽意蔽盡釋則本明自昭是或一道也故曰可貞言亦可以正也雖未盡正而寢改過矣故無咎象曰固有之也言固有此道也孔子曰君子以人治人改而止正謂此也人爲蔽以人

爲治人爲人爲盡攺則止不必復求也意蔽盡去則本德自明九四可貞之道也學道者亦不必專主一說有忽覺而明者有漸釋漸明者明則一也孔子思而漸釋其意蔽明道心亦自明故與門弟子語毋毋正絶其意曰毋意曰毋必曰毋固曰毋我知夫意蔽盡去過盡攺則人人皆與聖人同也人人之德性未始不明也固有此道也中庸曰其次致曲曲能有誠

九五无妄之疾勿藥有喜象曰无妄之藥不可試也

五爲中中爲道九五得道者也然有疾焉意或微動而過差此疾既小不藥自愈如加藥焉其病滋甚故象曰

不可試也此此爻唯已得道者知之未得道者不知此何等義理也有病而勿藥有過而不攺殆不可解也昔者孔子遇舊館人之喪入而哭之哀出使子貢脱驂而賻之子貢曰於門人之喪未有所説驂説驂於舊館無乃已重乎孔子曰予鄕者遇于一哀而出涕予惡夫涕之無從也小子行之夫孔子之過於哀此不可掩者也然此無妄之疾也孔子不加藥焉子貢不知也此四時寒暑之變微有過差者也易傳曰變化云爲云爲乃變化非心思之可度也非訓詁之可解也孔子曰吾衰也久矣吾不復夢見周公盖孔子不夢周公也久矣不知其

幾年矣孔子一不之省則孔子無思無慮數年而始覺其覺矣亦非動又曰不知老之將至又曰吾有知乎哉無知也此蒙以養正作聖之功也加藥則不蒙矣則有知矣有知則不一貫矣則妄矣此爻辭不爲聖人而作爲已得道而未新純者作大休無妄起意於善是謂無妄之疾若又治此疾則於意上生意疾中加疾此疾自妙非大非小惟道心大明者始知此未至於大明者終疑

上九无妄行有眚无攸利象曰无妄之行窮之災也

無妄至於此至矣盡矣亦無無過之可言矣而賢者於此

或尚疑已德之未盛復有所行則意復起則有眚眚者災之小則失蒙養之功矣將以爲利適以爲害將以爲進反以爲退無妄之藥尚不可試而況於無故而欲行乎行則有眚又況於行而窮之乎窮之則災矣此學道其終之微蔽故於上爻言之孔子曰吾無知也無知則不行矣又曰不知老之將至老至猶不知而況於行乎孔子唯如此故能至於耳順從心所欲之妙此爻唯已得道而蒙以養正之功未成者當達斯義

楊氏易傳卷之九

明萬曆本楊氏易傳

第二册

宋 楊簡撰

天津圖書館藏明萬曆二十三年劉日升、陳道亨刻本

山東人民出版社·濟南

楊氏易傳卷之十

宋寶謨閣學士慈谿楊簡敬仲著

明　後　學廬陵劉日升
　　　　豫章陳道亨　校

　　　　漳浦林汝詔
　　　　豫章饒伸　仝校

䷙乾下艮上大畜利貞不家食吉利涉大川彖曰大畜剛健篤實輝光日新其德剛上而尚賢能止健大正也不家食吉養賢也利涉大川應乎天也

大[illegible]所制畜也畜止健者非有剛健篤實輝光

日新之盛德不能也有盛德矣而又剛上而尚賢而後可以行止健之事不然則健者亦未易止畜也健者武勇奸雄之徒也世不幸有奸雄作焉惟大人能止畜之剛健言其神武能威能制篤實言其誠一不二剛健篤實非二也曰剛健曰篤實皆所以明一德之盛一言之不足故再言之非二德也輝光中虛光明神用四發發於云爲變化也如日月之光輝敷散宇宙而初無心焉日新常新而不故湯盤銘曰苟日新日日新又日新意有起止則有新故意無起止則無新故行有作輟則有新故行無作輟則無新故無新故則常一常一則常輝

光日新亦無二道無二道則日同乎人矣何必復言篤實又言光輝日新人心未明雖明又未必大明或誤釋或偏見則卦旨不明故不得不合此數語以明其德有如此盛德又以剛在上得利勢以行之又尚賢不自任其剛尊賢諮諆以輔其不及則能止畜健者矣好雄難於止畜德之未盛者不足以臨之雖爲天下之善德苟不剛健循未爲盛德之全亦不足以臨之剛不在上無利勢則亦不足以臨之德盛得位苟不尚賢亦非全德雖堯舜之聖猶資衆聖賢之輔雖大智或有所不及不尚賢則好雄亦得以窺之亦不得而止畜也不能止畜

健者則德非大德正非大正正無大小唯德之未盛者未盡乎正之道故以全盡之者爲大正苟失其正終難止健故曰利貞不家食吉尚賢而養賢賢無家食也既有大德行正道又養賢尚賢則畜止健者之道無不盡矣故可濟大險故曰利涉大川至於利涉大川非與天爲一者不能也故曰應乎天也有毫髮私意有毫髮意必固我者皆未免於人爲非應乎天

象曰天在山中大畜君子以多識前言往行以畜其德

山中有天所畜者大矣卦已明剛健篤實輝光日新之大此又明多識之畜皆德之所畜皆易之道也道雖一

貫雖學不可以不博前言往行千差萬殊有是有非有偏有全萬善萬德洞觀會同如四時之錯行如日月之代明萬物並育而不相害道並行而不相悖大積焉不苑深而過茂而有閒孤陋而寡聞坐井而觀天汔至而未繘小者之事耳

初九有厲利已象曰有厲利巳不犯災也

大畜之時上之人以剛制畜臣下臣下有危厲之道初九未得似利於止而不進巳止也止則不犯災矣

九二輿說輹象曰輿說輹中無尤也

二巳居位當上以剛制畜臣下之時則當如輿之說軸

輹不可行也其說輹中無怨尤之心也其失道者往往於此有怨尤故此明其道

九三良馬逐利艱貞日閑輿衛利有攸往象曰利有攸往上合志也

上下之情未通則有制畜之事今九三上承六四陰陽有相得之象則九三可以往矣大抵卦至三爻居上下卦之交有變之象泰三已言無往不復此爻良馬逐已有不制畜之象利艱貞者謹之也徒謹而或失正難於免禍既艱既貞又曰閑輿衛輿承上衛謂防衛無致上疑與衛無他艱貞而已則利有攸往以大畜之世上方

嚴制雖合志不可往也象言上合志者明未合志則斷不可往也

六四童牛之牿元吉象曰六四元吉有喜也

牛柔順之象童牛尤其柔者而有牿焉外莫得犯之矣六四柔順之至而能使人不得而犯此非以威服以德服人故元吉然非能止健者能使健者不見犯爾故曰有喜以其無及人之功故不曰有慶慶大喜小

六五豶豕之牙吉象曰六五之吉有慶也

牝豕曰豶牝陽也五之象牙能制物有含藏之象焉得止健之道矣而止曰吉不曰元者以剛制乃適變之道

非其本也然足以止徤奸雄不得肆其毒禍及天下故曰有慶也

上九何天之衢亨象曰何天之衢道大行也

大抵事終則變上九居卦之極有不待制畜而上下之情通達和暢之象何之爲言驚爲辭也大畜之世制畜方嚴忽焉亨通故驚喜曰何天衢之亨也天也尚須制畜非道亨也上下一心同由乎道乃道之大亨也

䷚震下艮上頤貞吉觀頤自求口實彖曰頤貞吉養正則吉也觀頤觀其所養也自求口實觀其自養也天地養萬物聖人養賢以及萬民頤之時大矣哉

觀卦大畫宛然如頤頤養也養之而已無所修治惟養正則吉已正則養之而已故吉易曰蒙以養正聖功也其有不正焉則當改當修治苟亦養之是養成其不正不可也人多不自知已之非而精於知人之得失故觀頤先觀人之所養是則効之非則省已而懲之自求口實乃省已之所養故曰觀其自養也以彼照已庶其易省也人多不自覺故聖人設法以教之使先觀人而後觀已也天地養萬物天地之養即人之養知天地則知已矣理人養民乃先養賢養賢則可以養民矣君不用賢而能養民者自古無之聖人養賢以及萬民疑異乎

天地之養萬物而孔子不以爲異故比而言之何獨聖人之養與天地同雖天下人其養皆與天地同何以明之三才一體也人自昏也知其一則不昏矣不昏則人與天誠未見其有間也不特頥爲然六十四卦皆然孔子於此又慮人必索頥之義乃不曰義而止曰時曰頥之時大矣哉大哉頥之時乎誠可謂至大矣頥者養而已頥以口實奉養不可得而索也養有所脩治義亦不可得而索也養無所脩治義亦不可得而索也天地養萬物義亦不得而索也聖人雖養賢以及萬民然亦如斯而已義亦不可得而索也無義可索故唯曰大矣哉

頤之時乎大矣哉六十四卦之時乎其曰時義亦非有義之可索也姑曰義亦無義之可狀也究義之始莫得厥始究義之終莫得厥終曰義曰時皆不可索未始不同是謂帝則不知不識是謂大易無思無為變化云為不可度思矧可射思六十四卦亦如之三百八十四爻亦如之書不盡言時亦發之他卦亦屢發大矣哉之旨矣舉一隅以通三隅即一以知萬不必每卦每爻既言而又言也

象曰山下有雷頤君子以慎言語節飲食

山有止之象雷有聲而動君子之言語即雷之聲慎而

謹之即山之止君子之飲食即雷之動而節之即山之止不縱其所欲也夫人之本心自善自正自神自明唯因物有遷始昏始放言語始輕脫今也慎其言語言語不輕肆而内心得所養矣因物有遷始昏始放飲食始不節今也節之則欲不縱而内心得所養矣去其害心者而本心之光明如初矣

初九舍爾靈龜觀我朶頤凶象曰觀我朶頤亦不足貴也龜能引氣自養不假於食朶頤口實充頤之狀初九自有陽明至靈之性不假外養乃舍之而慕人之利欲以爲養凶之道也象曰亦不足貴明其本有良貴今觀夫

朶頤則失其所謂貴矣初九以陽應六四之陰有舍靈龜觀朶頤之象

六二顛頤拂經于丘頤征凶象曰六二征凶行失類也

以上養下順也今六二以上而反資初九之陽以爲養是謂顛頤陽陰相比多相與故有顛頤之象拂經言其非經常拂經未有凶也倘而於丘求頤六五居艮山之中有半山曰丘之象而兩陰之情不相應故征凶二五於位本相應而今不應則六二不可往也征往也二五雖本類而今非類故曰失類天下人情事勢之變无常有如此者子曰君子定其交而後求今交不定而妄求

故不應而凶六二震体有動而上求於丘之象順爲利養

也

六三拂頤貞凶十年勿用无攸利象曰十年勿用道大悖

六三不中已有失道之象而震卦之上動之甚者夫謹言語節飲食則爲順動非所貴也正則爲順與天地相似則爲順豈紛動之謂乎然則六三拂順之正道其凶可知矣雖十年亦不可用十者數之極言終不可用終無所利也又曰道大悖也

六四顛頤吉虎視耽耽其欲逐逐无咎象曰顛頤之吉上

施光也

六四陰爻不能以上養下而反資初九之陽以爲養是謂顛頤與六二同而四獨吉者四與初正應不拂經常也四既資初以養四雖上位其体尊重如虎視眈眈然而其志欲乃迷逐於初相親之誠有如此者則無咎其如不然挾貴挾勢以資初九之養彼將咎我以無禮矣

象曰上施光者人情以上資下之養爲屈辱乃其私也聖人於是正之曰此乃上施之光也義當資之何辱之有小人以爲辱聖賢以爲光聖人多以光一言明無思無爲而及物如日月之光此雖下賢亦不動乎私意有

光之象唯不動乎私意者人咸服故亦有尊榮義

六五拂經居貞吉不可涉大川象曰居貞之吉順以從上也

六五上資上九之養其体順故不爲顛頤特以本非正應非其經常故曰拂經非其經常疑不能久而變故戒以居貞以陰資陽正也居正不變則吉然陰盛方資於頤養未可遽然大有所濟故曰不可涉大川象曰居貞之吉順以從上也者言六五之貞不在乎他在乎順從上九之賢而已六五艮体有止定居貞之象六二震体則反是

上九由頤厲吉利涉大川象曰由頤厲吉大有慶也

上九有公師之象一陽在上四陰隨之有舉天下皆由上九而得其養之象故曰由頤以人臣而居盛勢雖危厲之道而上九以陽明之德居公師之位又以六五好賢柔順有順從之象故吉覩時物之宜雖濟險可也何危之有舉天下咸賴之故曰大有慶

䷛巽下兌上大過棟橈利有攸往亨彖曰大過大者過也棟橈本末弱也剛過而中巽而說行利有攸往乃亨大過之時大矣哉

陽剛爲大陰柔爲小君子爲大小人爲小大者亦有過

也無過則何以棟橈棟橈則本末必弱無過則何以致本末弱剛過用剛之過也上言大者之過此又明用剛之過者如湯武之征伐周公之誅管蔡而其心一無所偏私一由中道而行又巽而不忤說而能和不失天下之心乃可二五有中之象巽兌有巽說之象其曰利有攸往乃亨者既以棟橈本末俱弱俱不可不往而脩治其過扶其弱而隆其橈也人情亦有雖知過復循循悠悠不即斂改者矣故聖人警之曰利有攸往乃亨雖曰大者既有過矣疑不可以言大而聖人亦贊之曰大矣哉何也此蚩蚩橫目萬言之所未知而聖人特發秘以

示之也今夫六十四卦三百八十四爻其間情僞凶盜邪僻過咎不知其幾而無非易之道特以昏則爲萬心則爲奸盜明則爲智爲賢大明則爲聖人故曰一以貫之〻又曰誰能出不由户何莫由斯道也易大傳百姓日用而不知不曰唯聖賢由之餘人不由也通乎此則人之目視以此視也耳聽以此聽也心思以此思也不思以此不思也變化云爲以此變化云爲也豈不大哉

象曰澤滅木大過君子以獨立不懼遯世無悶

澤甚卑木甚高今澤乃過之滅沒其木是謂大過有非常大變之象君子處非常大變之中獨立而不懼疑君

子一於爲人不復隱遯故繼之曰遯世無悶明乎已在危難之中則義當授命如見幾而作則亦遯世若將終身焉無一毫悶鬱之意遯世不見知而不悔中庸篇唯聖者能之則遯世無悶亦大過人之道也道心虛明自無懼自無悶有不然者乃因物而遷意起而昏

初六藉用白茅无咎象曰藉用白茅柔在下也

子曰苟錯諸地而可矣藉之用茅何咎之有慎之至也夫茅之爲物薄而用可重也慎斯術也以往其無所失矣象曰柔在下者也初六柔而在下凡百尤宜敬順白茅柔物而在下又四陽實而在上初六有藉用白茅之

象在大過卦則成過於謹愼之象

九二枯楊生稊老夫得其女妻无不利象曰老夫女妻過以相與也

楊者陽氣之所易感其發生也早故取以爲陽象枯楊又有陽之過象稊者楊之秀枯楊而生稊乃陰陽之氣和而生老夫雖過陽而得女妻亦順用剛雖過而能降心濟以柔於道皆順故無不利九陽也二陰有陰陽和順剛柔相濟之象象曰過以相與者取其相與之情爲宜過以相與又有剛過而濟以柔之義

九三棟橈凶象曰棟橈之凶不可以有輔也

九三與上六爲應九三陽奇有棟之象而反居上六之下是棟橈曲而下也棟之所以橈者無他也以九三用剛過而不中也故象曰不可以有輔言其剛過自用不謙柔以受人之言故曰不可輔也

九四棟隆吉有它吝象曰棟隆之吉不橈乎下也

九四與初六爲應九四陽奇有棟之象而居初之上故曰棟隆高而不橈乎下九剛四柔剛柔相濟故能隆也然有它則吝他者初六之陰有它則爲親近小人有橈乎下之象故象又言之

九五枯楊生華老婦得其士夫无咎无譽象曰枯楊生華

何可久也老婦士夫亦可醜也

華巽乎稊華雖亦陰陽和而後生至於華則極矣極必衰四陽至於此極故有將衰之象故曰何可久也華不能久行衰落矣上六陰而上老婦也九五反居下士夫也老婦得其士夫則老爲主其義則柔陰爲主爲柔之過而剛反柔雖無剛過之咎而懲創大過剛陽頓衰安能有爲故曰無譽又曰亦可醜也生華不久其此類歟

上六過涉滅頂凶无咎象曰過涉之凶不可咎也

過涉濟險也而滅沒其頂凶也雖凶而濟險之至正也不可咎之也故曰無咎古者有志之士見危授命而功

不濟亦有後而議其非者故聖人正之曰無咎又曰不可咎也過涉滅頂而又咎之則鄉原之道行而見利忘義者得志矣

䷜坎下坎上習坎有孚維心亨行有尚彖曰習坎重險也水流而不盈行險而不失其信維心亨乃以剛中也行有尚往有功也天險不可升也地險山川丘陵也王公設險以守其國險之時用大矣哉

習坎重險也八卦惟坎言習餘卦皆不言何也非不可言因義生言餘卦文義自不必言重習也非八卦有異道也六十四卦同此一道而況於八卦乎習坎之義何

義也人心遇險而懼懼而甚則亂亂則或失其信其心安能亨有能在險中而不失其信迹雖在險難而心亨已難乎人矣至遇再遇險而亦不失其信其心亦亨者非深得其道成矣其德者不能也大抵有志於善者皆能履其初險而至於重險則難故聖人特於坎曰習所以明其道也得乎道則重險猶初險也雖十百千萬險猶一險也人心即道道心無體無體則易猶是也險猶是也一險猶是也十百千萬險猶是也而況於重險乎人人皆有此道心而昏昏者衆昏則亂昏甚者遇險輒亂不甚者重險則亂唯不昏而常明者雖歷十百千萬

險而不亂故於坎曰習所以明其道也不爲重險所亂則無不通矣夏易曰連山以重艮爲首則艮亦可以言連今周易艮不言連者山可以連艮不可言連取義不同立言隨義言異而道則一水流而不盈所以爲坎人心本乎信亂則失之孟子曰周乎德者邪世不能亂當重險之中而不亂者有盛德也道心無體如太虛然險難何能亂之身則有體者身固不可得而亨矣心則無體無體則坎險不能陷故常亨言維心亨則身不可言亨矣孔子厄於陳蔡畏於匡而弦歌不衰是遇重險而心常亨也重險不得而亂剛中之名於是乎著既履險

中則當求濟其險故曰行有尚言往濟其險則險可濟而有功不往則險不能出何功之可尚難險非善也而天險不可升地險山川丘陵王公設險以守其國險之義又未始不善半山曰丘大阜曰陵設險則城郭溝池之固之所設也王公設險非私也所以守國也守國所以安民也天下之大公也王公所設之險即天地之險聖人比而言之明三才之一體也人情又繫以險爲不善聖人於是發明險之時用曰大矣哉所以破人心之疑蔽明大易之道也天地之間何物非易何事非易何理非易何時非易何用非易易未始不一人心自不一

人心亦未始不一人心無體自神自明自無所不一有體則不一無體則無不一意動則昏昏則亂亂則自不一而紛紛矣自不昏者觀之重險之時大矣哉有乎心亨大矣哉行有尚大矣哉六十四卦之用皆大矣哉

象曰水洊至習坎君子以常德行習教事

水則洊至德行本常昏則不常人本不昏意動則昏不昏則未始不常常德行在我之水洊至也人心既放教者貴熟一暴十寒何以善俗習則熟熟則常習教事在人之水洊至也

初六習坎入于坎窞凶象曰習坎入坎失道凶也

習坎重險也居險而能出險者爲得其道今居習坎之中不唯不能出險而又入於坎窞失道故也故凶初六居下故於習坎又有入窞之象

九二坎有險求小得象曰求小得未出中也

二在險中所求僅小得象曰未出中也言未出險中

六三來之坎坎險且枕入于坎窞勿用象曰來之坎坎終無功也

六三來則入坎之亦入坎之往也外亦坎卦也故曰來之坎坎無功也象曰終無功也及六三又自枕于坎不獨枕險又入于坎窞六三陰險不中失道所致然小人

既以陷于此豈無改過之道聖人於是亦教之曰勿用但一切勿有所用則所謂失道之心熄庶乎免矣

六四樽酒簋貳用缶納約自牖終无咎象曰樽酒簋貳剛柔際也

酒養陽食養陰故尊酒陽奇簋貳陰耦九五陽剛六四陰柔剛柔交際君臣相親巳離内卦有濟險之道焉君臣一德一心何險之不可濟哉然上下方交際六四當用缶缶虚中毋實己意一觀夫君心之如何從君心之所明者納誠以咎之則君臣一明君臣益和終無尤咎險可濟矣牖明通之象孟子因齊宣不忍於牛之心而

啓之以爲是心足以王矣齊宣爲之興起即納約自牖之道也

九五坎不盈衹既平无咎象曰坎不盈中未大也

九五雖得中道陽德不陷於陰有平險之功而坎亦不盈衹適平而已雖無咎而無大功功之未大由其中之未大也同人曰得中大有曰大中得道固有大小深淺之不同也

上六繫用徽纆寘于叢棘三歲不得凶象曰上六失道凶三歲也

上六失道與六三同而禍又甚焉者上六固陰而又陰

險而又險陰險小人處險難之極故有係用徽纆寘于叢棘三歲不得之象

䷝離下離上離利貞亨畜牝牛吉彖曰離麗也日月麗乎天百穀草木麗乎土重明以麗乎正乃化成天下柔麗乎中正故亨是以畜牝牛吉也

離麗也麗猶附也又重明之卦也日月麗乎天百穀草木麗乎土重明以麗乎正一也離者易道之異名也三才無非易而況於重明乎始因離麗指其同者以開人心悟三才之未始不同則萬物萬事萬理無不同矣無不同者易也今徒知日月麗天百穀草木麗土重明麗

正而不知其爲易之道者實不識日月百穀草木重明者也重明本明而又明也人皆有明德唯君子能明之故晉象曰君子以自昭明德唯君子明之衆人不能則人雖有明德又以能明爲善故曰重明人心非氣血無形體虚明神用無所不通意動故昏一日覺之自神自明六通四闢視聽言動心思變化無不皆妙無不中正其有小人畧竊迂似放肆顛倒於非僻之中故曰小人之中庸無忌憚是故重明之卦利乎貞正重明而不失貞正則不入乎小人之無忌憚則得易道之正正則無不亨通矣重明以麗乎正非作意而附麗也重明而不

失正即謂之麗義讀易者當悟斯旨勿執其辭人之常言亦多此類夫天下之人心不可以力化不可以權術化唯可以德化重明則不失德性之本明矣麗乎正則所行皆正明德達而布于天下矣人人皆有此德性唯昏故愚其本有之德性未嘗磨滅也今也上之人重明麗正達而行天下則天下同然本有德性無不默感默應默化矣化成之道通于神明光于四海無所不通詩云自西自東自南自北無思不服非人力之所能爲也孔子於孝經以孝悌言之即重明之正化也觀象曰聖人以神道設教而天下服矣道化之神誠有不可測識

之妙離卦陰柔居中離爲中女柔體也體之柔者難以致亨唯不失中正則亨中正者道之異名中言乎其無所倚無所偏正言乎其不流於邪僻不倚不偏不邪非道而何得乎道而不能亨者未之有也牝牛柔之象也麗乎中正而後爲畜牝牛之吉也

象曰明兩作離大人以繼明照于四方

震曰洊雷巽曰隨風坎曰水洊至艮曰兼山兑曰麗澤獨離言明不言火何也聖人知繼明之義爲大而兩火爲之物繼明本一德故曰明兩明無實狀離曰兩以發繼明之義實無二體作猶爲也明兩爲離立言之常也

不必贅起其意象以言重明而兼言中正重明之告猶未甚著故此復發繼明之義繼明猶重明也人皆有明德唯意動而昏故不繼堯聰明堯不昏而能繼也舜濬哲文明舜不昏而能繼也文王若日月之照臨以文王不昏而能繼也作好作惡則昏則失道心虛明光輝四達如水鑑如日月無思無爲自無所不照有思有爲則意動知此則失彼知一則失十百千萬況所知之一未必果知乎而況於照四方乎舜告禹曰人心惟危道心惟微惟精惟一道心不繼不絶一也意爲人心意不作爲道心

初九履錯然敬之无咎象曰履錯之敬以辟咎也
離爲火火性躁履行也錯然而起意念每如是躁之性也於其初也敬之勿遂其錯然之過則不放不逸免於咎矣卦取離麗離明之義此又發離火炎躁之象爲義易道無所不通不可執一而論
六二黃離元吉象曰黃離元吉得中道也
黃中也離麗也麗乎中道故曰黃離離明也明而不失乎中正故曰黃離離火也有火之明不入于躁是爲得中故曰黃離凡離之事無窮黃中之道亦無窮凡有意則有所倚有所倚則有所偏皆不可以言中凡意皆不

作自然本明本神自不偏不倚而名之曰中其獲元吉固宜元亦道之異名亦曰大其獲大吉固宜

九三日昃之離不鼓缶而歌則大耋之嗟凶象曰日昃之離何可久也

此爻又取離爲日月之象曰過中則昃二爲中三爲過中日昃之離將老之象衰則老老則死一也人之生如日之東升壯如日之中天衰如日之昃死如日之西入日有東西出入之異其光明一也生者血氣之所聚其性猶是也老死血氣之衰散其性亦猶是也性非氣血無形體有形體血氣則有聚散非血氣形體則無聚散

愚者執氣血以爲已故壯則喜老則憂懼其無已也明者知性之爲已性本無体平時固自不立已私不執血氣爲已性如日月之常明則血氣之或衰或散固不足以動其心也象曰日昃之離何可久也庶乎愚者懼而思道矣

九四突如其來如焚如死如棄如象曰突如其來如无所容也

六五大君也柔而在上九四乃以炎上之性爲暴爲躁突然而來犯天下之所共憤大義之所必誅故繼曰焚如死如棄如謂可以焚而死死而棄之也象曰無所容

也言無所容於天地之間也

六五出涕沱若戚嗟若吉象曰六五之吉離王公也

六五大君爲暴虐之臣所陵而六五柔弱莫能制唯出涕沱若又戚嗟若而已然亦吉者何也君臣天下之大義君者人心之所共戴雖柔弱非剛暴之君也而九四以臣犯君人心之所共憤故九四終於無容六五終於不失其位而吉象曰六五之吉離王公也離麗以其麗王公之位故人心憤其臣之逆而共誅之也苟非王公之位則人心未必如此共憤之甚加以柔懦特甚難保其吉

上九王用出征有嘉折首獲匪其醜无咎象曰王用出征以正邦也

離爲甲冑爲戈兵甲冑外剛而堅也戈兵其性銳也此爻取甲冑戈兵之象而言出征備明離卦之變義也征伐非王者之本心也不得已而用之洪範八政師居其末此爻一卦之極事至于極不得已而用之所以正天下之不正也以至明之王行不得已之征上合天心下合人心宜其有嘉而又折其首不及其衆非吾之醜類則獲之苟不逆命卽吾類也宥之可也如此則雖用戈兵人無怨咎象曰以正邦也明王者之征所以正邦非

有他也非行其私忿也非黷武逞欲也

楊氏易傳卷之十一

宋寶謨閣學士慈谿楊簡敬仲　著

明　後　學廬陵劉日升

豫章陳道亨　校

漳浦林汝詔

豫章饒　伸　仝校

䷞ 艮下兌上 咸亨利貞取女吉彖曰咸感也柔上而剛下二氣感應以相與止而說男下女是以亨利貞取女吉也天地感而萬物化生聖人感人心而天下和平觀其所感而天地萬物之情可見矣

觀卦之象上六之柔有自下而升之象九三之剛有自上而下之象是謂柔上而剛下剛柔陰陽二氣感應以相與艮止兊說說出艮止者其咸之道歟亨利貞歟變化之神歟夫既以感應相與而說矣而曰止者何也豈始說而終止邪今曰止而說言乎止而不動而又說爾非止與說離而爲二止與說合而爲一也如水鑑中之萬象水常止而萬象自動也如天地之相感而未嘗不寂然也大哉止說之道乎人心皆有此妙而自不省不信者何止百人而九十九也歸妹也歸妹天地之大義也艮少男居下兊少女居上男下女之正禮也言乎其

禮則男下女言乎其義則止而說一也皆正也如此娶則吉不然則不吉小不然則小不吉大不然則大不吉舜鼓琴二女果若固有之止而說也貞也吉也天地之感也天地感而萬物化生聖人感人心而天下和平一也男女之相感卽君民之相感感應之機神不可測雖感應而遂通自寂然而不動省此機者則止而說則能感人心而天下和平志有之聖人先得我心之所同然者爾人心自善自神自明惟昏故亂一日感之則固有之機忽發默感默應自和自平矣何獨人心舉天下萬物之情皆然何獨萬物天地亦然惟此感應之妙變化

之神知天地萬物之情則知己之情而大易之道在我矣目之所以視者此也耳之所以聽者此也口之所以言者此也心之所以思者此也不知其所自來也不知其所從往也雖視聽言動之神無体也此其神也雖聖人不能自知也而況於他人乎不識不知者文王也曰吾有知乎哉無知也者孔子也三才一也古今一也動靜一也晝夜一也

象曰山上有澤咸君子以虛受人

澤甚卑山則甚高今山上而有澤焉氣之所感也氣虛故通人惟虛故能受植己私焉窒其中則安能受人心

自虛自無体自廣大無限量意動而窒始好已勝始耻於從人之言而不受而愚而闇而亂矣君子以虛受人非本窒而強虛也不失其本虛爾因愚衆之窒故言君子之虛

初六咸其拇象曰咸其拇志在外也

咸爻取一身爲象初六最下有拇之象其拇感動者志在外也其動也微故不及吉凶

六二咸其腓凶居吉象曰雖凶居吉順不害也

自拇少升而上則腓人之行其腓先動止者道也動非道也道心虛静感而斯應迫而後起及其意動而逸則

不待感迫而先動如腓矣然艮体止亦有居之象知動之非能居則轉凶爲吉居止也

九三咸其股執其隨往吝象曰咸其股亦不處也志在隨人所執下也

自腓而上其爲股乎股雖不至如腓之先動而亦非静止者故曰亦不處也處止也股專於隨人而動故曰執其隨執此而往良可羞吝夫咸感之道雖戒躁動矜去己私感而斯應然亦志於隨者志在隨人則全無主本失道從人所執下矣堯舜之舍己從人非隨人也舍己從人者其中虛明志在隨人者室闇而已矣

九四貞吉悔亡憧憧往來朋從爾思象曰貞吉悔亡未感害也憧憧往來未光大也

初拇二腓三股五脢上輔頰舌九四居中正當心象爻辭亦言心之所爲而不明曰心者何也心非氣血非形体惟有虛明而亦執以爲巳私若一物然故聖人去心之名庶乎巳私之釋而虛之神著矣九陽明有貞正之象而四又陰闇明未純一意不能不動未能無悔而陽明貞正其悔終亡象曰未感害者意雖動而未發於言行未達於外故未感害夫能勉而貞正雖可悔亡苟於貞正之中意念擾擾憧憧往來則隨其所思而朋從之

雖貞正亦未光大也言念念動朋從之多不可勝紀或意謂若是者爲仁又謂若是者爲義又謂若是者爲禮又謂若是者爲樂於仁義禮樂之中又各曲折支分之意度不可勝紀於是雖有得乎一以貫之之說又亦不免乎意意以若是者爲一若是者非一或以爲静或以爲動或以爲無或以爲有或以爲合或以爲分或以爲此或以爲彼意慮紛然不可勝紀苟爲正而若是亦未光大矣光大之貞不勞外索不假思慮孔子曰吾有知乎哉無知也又每每止絶學者之四病毋意毋必毋固毋我又曰心之精神是謂聖孟子亦曰仁人心也舜知

此心之即道故曰道心直心爲道意動則差愛親敬親此心誠然而非意也先意承志晨省昏定冬溫夏凊出告反面此心誠然而非意也事君事長此心誠然而非意也忠信篤敬此心誠然而非意也應物臨事此心誠然而非意也如氷鑑中之萬象如四時之錯行如日月之代明其積焉而不菀並行而不繆深而道茂而有閒是謂變化云爲不識不知一以貫之

九五咸其脢无悔象曰咸其脢志末也

心之上口之下曰脢脢者無思慮無營爲之所雖感而無應雖靜而無用雖無悔而非大道故曰志末也末爲

言卑之也何謂大道孝悌忠敬交錯泛應喜怒哀樂云爲思度如四時之錯行如日月之代明

上六咸其輔頰舌象曰咸其輔頰舌滕口說也

上体之上惟輔頰舌有咸感之象輔頰之中有舌爲言感人以言不由乎中滕口說也鄙之也

䷟巽下震上恒亨无咎利貞利有攸往彖曰恒久也剛上而柔下雷風相與巽而動剛柔皆應恒恒亨无咎利貞久於其道也天地之道恒久而不已也利有攸往終則有始也日月得天而能久照四時變化而能久成聖人久於其道而天下化成觀其所恒而天地萬物之情可見矣

觀卦之象九四之剛有自下而上之象初六之柔有自上而下之象又震長男而在上巽長女而在下剛上而柔下得体之正得理之常然上下之情不相與則不和不和亦不能恒雷動風作率常相與巽而動不忤六爻剛柔皆相應如此則可恒矣久者必亨通雖亨通又必無咎而後可其未免於爲人所尤咎猶爲未可也亨通無咎矣而未正者容或正之蓋不拂乎人情者亦亨無咎而未貞正譎王覇功德者滿天下而覇非貞正必亨無咎利貞而後爲道而後爲久於道也天地之道恒久不已必如天地之久而後始全乎恒久之道三才未

始不一也惟人因物有遷意動而昏而後裂而爲三也不遷不昏則未始不一人心之神不可測也不可知也無体也莫知其鄉也三才一体豈不實然恒亨無咎利貞則利有所往而無所不通無所終窮矣終則有始無窮之道也此事雖終後事復始如日月之代明如四時之相推循環無端而莫知已極也日月得天而能久照初無深義之可求也四時變化而能久成亦無深義之可索也得天麗乎天也變化寒暑溫凉之變化也久照者久照也久成者久成也日月即四時四時即聖人一也是道也至人久焉賢人亦久而未盡于久未盡乎久

則未精一未精一則其化也淺惟聖人久於其道全體爲道全心爲道即日月四時四時即天地即天下之心聖人運天下同然之機于上而天下默應默化默成矣豈人力之所能爲哉故曰神化觀其所恒所恒即所感知所恒即所感則天地萬物之情昭然矣苟以爲所感自有所感之情所恒自有所恒之情則不惟不知恒亦不知感今飄風不終朝驟雨不終日此其不恒者皆形也其風之自其雨之自不可知也不可知者未始不恒也其音聲則不恒其動作則不恒其聲音之自動作之自不可知也不可知者未始不恒也知其自未始不恒

則知其發其變化亦未始不恒無所不通無所不恒曰恒曰咸皆其虛名曰易曰道亦其虛名天地萬物之情如此六十四卦三百八十四爻之情如此

象曰雷風恒君子以立不易方

雷風天下之至動疑不可以言恒而恒卦有此象此人情之所甚疑而君子以爲未始或動也此非訓詁之所解非心思之所及也孔子曰哀樂相生即風雷之至也而繼之曰正明目而視之不可得而見也傾耳而聽之不可得而聞也夫哀樂不可見不可聞其謂之未始或動其孰曰不可未始或動非不易方也此之謂立此之

謂君子此之謂雷風此之謂不可以動靜論

初六浚恒貞凶无攸利象曰浚恒之凶始求深也

天下萬物皆有其序不由其序而遽求之深皆不可也其於事則其進鋭者其退速其於人情則相與未久相知未深而遽求之深則彼將不堪將莫之應浚深也遽求深入雖貞正亦凶始求深入多由貞正之人執正義而爲之急也易之道不知此惟時惟變不主一説天下之大用也用小道者雖正猶凶猶無所和故孔子止絶人之意必固我其爲害道也

九二悔亡象曰九二悔亡能久中也

九二以陽明之臣事陰柔之君陽非臣道之恒有悔之道今也能久於中故悔亡其在進德九陽二陰駁雜未純一有悔能久於道其悔終亡顔子有不善未嘗不知知之未嘗復行既有不善豈能無悔然能久於其道至于三月不違仁則悔亡矣過三月雖不無違違則不無悔而益久當益亡

九三不恒其德或承之羞貞吝象曰不恒其德无所容也

九三不得中道而陽性多動不能恒久之人尚不可以作巫醫則何往而不承之羞雖中於貞正既不恒矣亦吝孔子曰人之所助者信也不恒不信無所容於天地

之間

九四田无禽象曰久非其位安得禽也

四陰位也今以九居之非其位也非其位者非其所也非其所謂久非其道也既非其道雖久之安能得禽言無功也言其徒久而無成也

六五恒其德貞婦人吉夫子凶象曰婦人貞吉從一而終也夫子制義從婦凶也

六五亦得中道且得靜正六有柔靜之象而專應九二天下固有靜正之德而未剛大者如六五之恒其德貞是也故婦則吉以婦人之道從一而終也至於夫子則

當制義當有剛健無所不通之德而専静柔從則爲凶也道心中虚何剛何柔虚名泛應無所不通而知剛知柔之德隨時而著初不用毫髮之思慮氣質之拘者養德未成弱質未成六五之恒其德貞是也惟養德之成者氣質盡化而爲天德故無所不通無强無懾剛健柔順之德無非變化之神此聖人之道也

上六振恒凶象曰振恒在上大无功也

振振動也震卦之吉有震象夫初六始而遽求浚恒則不可今至於其終而猶震動其恒未純未一則大無功也凶凶道也學者於此而進德未純一殆未至於凶故

悠悠不學也孔子獨於顔子稱好學者此萬古之通患

孔子聖人而發憤忘食者何爲也懼其至如此也故自十五志學三十而立四十而不惑五十知天命六十耳順七十從心所欲不踰矩而其功大成也得道則吉失道則凶甚可畏也

䷠艮下乾上遯亨小利貞彖曰遯亨遯而亨也剛當位而應與時行也小利貞浸而長也遯之時義大矣哉

陽爲君子四陽雖多勢則外往也陰爲小人二陰雖寡勢則内來也是故君子當遯遯則亨通之道不遯則與小人争取禍之道也然剛當位君子猶居位人心猶應

與時偕行隨宜而施亦可也曰小利貞則亦不大利於貞正之道矣以小人浸長乘時得勢不可制也方是小人浸長君德可知姦狀百出亂政日滋君子方遯事情擾擾處此往往不無動於意隨於事而往聖人於是乃曰遯之時義大矣哉謂夫此時之義至大也至大者遯其不可形容之辭也孔子曰哀樂相生是故正明目而視之不可得而見傾耳而聽之不可得而聞夫哀樂相生人皆以爲可見可聞也孔子曰不可見不可聞則小人浸長君子好遯雖擾擾萬狀孰謂其可見可聞乎此非訓詁之所解也非思慮之所及也惟心通内明者自

知之惟可曰大矣哉而不可復加之言也某自弱冠在右讀孔子一貫之語堯舜執中之誨常疑先聖啓告之未爲詳明及微覺後始知前聖之言及此已詳矣復加焉則非矣則思慮之所及爾訓詁之所言耳非大矣哉之道也

象曰天下有山遯君子以遠小人不惡而嚴

君子如天小人如山君子未嘗惡之也而自遠自嚴此易之道也此非君子以權術待小人也人心無我無体自神自明由中心而達自無適而不當寂然不動無爲而自不惡自嚴自遠也使後世之君子皆同此道則於

小人何怨此遠遯小人之一義爾非謂遯卦之義盡於此

初六遯尾厲勿用有攸往象曰遯尾之厲不往何災也

尾居其後言乎遯之遲也初爻而曰遲者初係内卦二陰爲小人居内勢浸長初居小人之中而未遯爲遁之尾遁諸爻以遠於陰爲善故初爲遯尾爲危厲戒之勿用有攸往者此往謂進盖内卦惟二爲中而猶居下位故尚德言往進孔子爲乘田委吏之時必無出位干時之災

六二執之用黄牛之革莫之勝說象曰執用黄牛固志也

黄中也牛柔順之物革堅固之物二居中有道之象六與二皆陰有柔順之象二正在内卦之中正與小人並處非適者故爻辭不言遯柳下惠當之居人之朝而隱人稱其和是爲柔順而不以三公易其介是故有堅貞不可移奪之德不偏於和矣是爲中是爲黄牛之革莫之勝說言其堅貞不移之至不可勝言然自古以來安得人人皆如柳下惠德性自然無勞固執者近朱者赤近墨者黑利勢易以動人而況於日處其中則固志難久執之之堅誠不可不謹也意念一動即化而爲小人矣

九三係遯有疾厲畜臣妾吉象曰係遯之厲有疾憊也畜臣妾吉不可大事也

三與二比九陽與六二之陰相得而九三陽爲君子雖知義所當遯而尚不忘利禄有戀係之意故曰係遯初六雖遯之遲居後而無陰陽相得戀係於小人之象故初止於厲而九三有疾厲明其已得自有患疾象又曰有疾憊也言其憊弱無剛毅之德不能决去也其曰畜臣妾吉臣妾賤者畜養於父者戀而不思去則爲忠愛其主則爲吉也此至賤之義不可施之於大事也

九四好遯君子吉小人否象曰君子好遯小人否也

四已入外卦有好遯之象然君子則好遯而吉若小人則不然也謂小人則不能遯也九四與初六相應此一小人不能遯之象大凡人情之乖違者皆當遯避小人與小人乖違亦當遯小人溺於利故不能遯

九五嘉遯貞吉象曰嘉遯貞吉以正志也

九五爲遯之嘉者何謂嘉九五剛當位而應非早遯者小人之勢雖已得位而浸長位猶在下猶須命而應九五雖欲遯而義猶未可去猶可隨時而行彖既言之而此爻又發其象者蓋於爻爲急急此事變之大者故不得以重復而廢也又貞吉之義彖所未言故并發之自

古大臣知小人之勢長巳位莫安陰相結納永固其位其志不正者多矣斯義詎可不特省

上九肥遯无不利象曰肥遁无不利無所疑也

肥遁若爲一卦之善也斯擧矣其遯最早與小人一無相涉之迹不與二陰相應也故無所不利象曰無有疑者無可疑之迹也無與小人相涉可疑之迹也

楊氏易傳卷之十二

宋寶謨閣學士慈谿楊簡敬仲　著
明　後　學廬陵劉日升
豫章陳道亨　校
漳浦林汝詔
豫章饒　伸　仝校

䷡乾下震上大壯利貞彖曰大壯大者壯也剛以動故壯大壯利貞大者正也正大而天地之情可見矣

陽爲大陰爲小君子爲大小人爲小大壯在天地則爲四陽之長陽氣甚壯在國則爲君子以類進其勢盛壯

在德則爲得大道剛健變化孔子三十而立之後有不可搖奪之壯也天下之柔者不能壯惟剛故壯雖剛而不動亦無由見其壯下卦乾剛上卦震動天然義見故曰剛以動故壯其在德也亦然能柔不能剛非大德也道心無體神用無方不可得而屈不可得而窮於是名之曰剛應酬交錯變化云爲名之曰動因其動而知其不可屈不可窮故又曰壯是三者名殊實同其曰利貞者利於正也剛壯而不出於正非道德之剛壯乃氣勢之剛壯忤人傷物取禍之道也君子之道雖長雖盛壯苟其行有不正則小人得以候其隙執其短君子反受

害德雖大而不出於正縱心於規矩之外世所謂道家者流間有之而人心不服孔子謂悖德悖禮雖得之君子所不貴世所鄙賤非大壯非大正孔子大正故當世尊信壯孰甚焉聖人於是又闡明正大之道大與正初非二物皆道之虛名道之異名人自有二道無二道心無二人心有二正大之道即易之道即天地之道即萬物之道此止曰天地之情不曰萬物之情以萬物之情有不正故不言也非天地萬物之道果有異也立言垂教之法當如是也内心明通者不於此而疑也

象曰雷在天上大壯君子以非禮弗履

君子體壯以自勝為强故非禮弗履正將以行禮也如古所稱曰莫人倦齊莊整齊而不敢解惰此衆人之所難而君子行之故所貴於勇敢者貴其敢行禮義也斯言則正矣殆非聖人之言也禮者人心之所自有不可言敢行也周禮云以五禮防萬民之僞記云著誠去僞禮之經也敢行之云乃爲僞也易曰君子自强乃自强也非强於外也或疑君子取象必與象同是不然雲上於天需君子以飲食宴樂天與水違行訟君子以作事謀始亦未嘗與象齊同矧天人一道不必執取象之說

初九壯于趾征凶有孚象曰壯于趾其孚窮也

初居下有趾之象九有壯之象陽實又有孚之象方在下未宜壯也而遽於爲決意前往征往也其凶也宜然此等人必巧黠圓變之士蓋愚質拙貞之人其忠信可守而果決妄發孚以致凶是爲孚信之窮故象曰其孚窮也

九二貞吉象曰九二貞吉以中也

用其壯故九二不言壯唯言貞貞正也由正道而行爾不置毫髮已私焉故吉象曰以中也者明其不作意一無所借斯見所謂正道也中正非二道二柔而中有不用壯之象君子勢雖壯而不用其壯

九三小人用壯君子用罔貞厲羝羊觸藩羸其角象曰小人用壯君子罔也

九三雖益進勢雖益壯君子之心未嘗以爲意焉唯小人則自嘉已勢之壯而益肆益壯是謂小人用壯君子用罔罔無也無則不必言用對小人用壯爲言故言君子用罔言君子之所用異乎小人之用也君子則用無故象曰小人用壯君子罔也不復言用矣如其用壯雖貞正亦厲如羝羊觸藩必羸其角未有用很力而能濟者九四奇畫横截其前觸藩羸角之象以九居三陽又乾體之極又過有小人用壯之象

九四貞吉悔亡藩決不羸壯于大輿之輹象曰藩決不羸尚往也

四未得中九陽用壯本有悔而四陰以柔居之用壯不過非行其私者也故爲貞正而吉故悔亡唯其如是故能藩決而不羸大車而壯其輹蓋可通而無阻九三用壯其害如彼九四濟以柔其吉如此不特不羸而已尚可以復往而進也六五居前耦而虛有藩決之象

六五喪羊于易无悔象曰喪羊于易位不當也

陽壯有羊很之象勢壯用壯人情之常使物用壯殊爲難也今六柔順五得中道喪羊之壯甚易然者道心中

虚無体無我壯無從而生也不勞遏抑而自無壯之可用也故最爲無悔位不當者上樂道亡勢虚中無我雖居是位如不居是位也不以已當之也有其我則當其徃當其位則居其勢居其勢則用其壯矣安能喪羊于易哉大抵二五之中似有得道之象此爻貞得其道者以喪羊于易而知之也

上六羝羊觸藩不能退不能遂无攸利艱則吉象曰不能退不能遂不詳也艱則吉咎不長也

上六雖陰而居卦之極壯之極震之極亦有羝羊觸藩之象虚氣壯徃則不能退用壯者必不濟故不能遂進

退無所利然能克難則吉六柔體有艱象其曰不詳者
極壯極震極矣故不審詳也觸藩之患在他卦則凶在
大壯則得時得勢故止於咎厲咎者衆非咎艱則不用
一其壯矣故轉咎爲吉不長矣

䷢坤下離上晉康侯用錫馬蕃庶晝日三接彖曰晉進也明出
地上順而麗乎大明柔進而上行是以康侯用錫馬蕃庶
晝日三接也

孔子曰天下有道則見無道則隱唯安康之世可進故
曰康侯古諸侯皆仕於王朝商紂之時文王以西伯與
九侯鄂侯同爲商朝之三公崇侯虎亦同朝周亦多用

諸侯輔政離出地上言乎人臣知己德之不可不自明也己德明而後可以進而輔其君也己德不明則不能自治何以啓其君何以治國何以治天下明而未順其明尚蔽曰明曰順皆所以明晉之道矣明矣順矣而有麗非大明之君則亦難於進以明順之臣而又麗乎大明之君故柔進而上行上行者其道行也道行乎君也故康侯用此晉卦卦象之義而能致錫馬蕃庶晝日三接蒙君眷禮也馬應有柔順之象晝日有大明之象

象曰明出地上晉君子以自昭明德

人皆有明德而自知者鮮自知者己鮮而能自昭而求

無蔽者又鮮何謂自知人心自神自明自廣大自無所不通唯因物有遷意動而昏孔子所以每每止絕學者之意他日門弟子總而記之曰子絕四毋意毋必毋固毋我皆意之類皆意之別名孔子每每止絕學者四事門弟子不勝其紀故總而記于此此萬古學者之通患箕子亦曰無有作好遵王之道無有作惡遵王之路孔子又曰天下何思何慮意象不作而本神本明之性自無恙矣變化云爲自如四時之錯行如日月之代明矣孔子又曰主忠信忠信者不詐僞而已矣不詐不僞實直無他何意之有何思慮之有純然本明何假求索六

通四闢何假計度是謂自知是謂知及之此雖能自明而未保其常明雖變化云爲無所不通而與物交擾其間不能無動未盡仁者寂然不動之至是猶有或蔽而不明之瑕亦未可謂能全其明故亦未可謂自昭之道唯既明而常明則進於三月不違久全乎輝光日新之本德矣

初六晉如摧如貞吉罔孚裕无咎象曰晉如摧如獨行正也裕无咎未受命也

初六與九四爲正應故晉如而九四離性炎上不應乎初故又有摧如之象言其見摧抑也一進一退皆其外

物不足爲意但自行其正則吉故曰獨行正也雖不見孚信而初六未受命無官守無言責甚寬裕也故無咎尤如已受命有官守有言責則一不見信即不得其職即當去信不得其職而不去是戀固利祿公論所不容難乎免於人之咎議矣

六二晉如愁如貞吉受茲介福于其王母象曰受茲介福以中正也

六二已進而得位矣故曰晉如而六五不應故愁如知六五之不應者二陰有不相應之象一陰一陽有相應之象然而六二得中正之道中正者無不獲吉故受大

福于其王母介大也六五陰而尊又離体而明有王母錫福之象祖母曰王母王者之母亦曰王母大抵王母者婦人居尊之名古聖作爻辭所以備天下之事變故及此

六三衆允悔亡象曰衆允之志上行也

人臣事君竭力至於過中似不能無悔者三有過中之象而坤爲衆群承耦比有衆允之象衆咸信之故悔亡上九正應有志上行之象

九四晉如鼫鼠貞厲象曰鼫鼠貞厲位不當也

鼫鼠陸德明云五技鼠也本草螻蛄一名鼫鼠許慎說

文云鼫五技鼠能飛不能過屋能緣不能窮木能游不能渡谷能穴不能掩身能走不能先人荀子曰鼫鼠五技而窮楊倞所註本説文吾鄉樓尚書亦注説文曰異乎詩之碩鼠九陽有進象四陰也有不終進之象居大臣之位欲有所爲以輔國安民者多矣而終於不能有所爲而姑止者亦多固如鼫鼠夫其才智不足以當天下之重任則不可以居大臣之位大臣者當以道事君使天下之民無一不被堯舜之澤乃稱其職今也欲爲而不能欲進而不得以其所居之位不當如是也故象曰位不當也若是者雖貞正而非好邪然亦危厲於本

職有闕禍將及之矣有危亂之道也

六五悔亡失得勿恤往吉无不利象曰失得勿恤往有慶也

六有懦柔之象五有動静之象五陽也人君陰柔而懦有悔之道而終於能進而有爲故悔亡夫柔懦而欲其所爲必多疑二憂慮故勉而進之曰失得勿恤言不必以失得爲憂也恤憂也但往吉無不利亦誘進之言也夫其所爲其間曲折萬狀其得其失不可必也而遽使之勿憂必曰往吉無不利者何也易占筮之書也聖人因以通之使歸於道卦六十四爻三百八十四因事變

情理之不同故隨宜以啟告之一爻之辭豈能周盡曲折萬變之理詩云一人有慶兆民賴之易凡言有慶有喜喜小慶大君之所及者大也

上九晉其角維用伐邑厲吉无咎貞吝象曰維用伐邑道未光也

角者上窮之象天下事不可窮也上窮不已維可用於攺過伐邑自攻治其已也自攻治已過則窮治不辭爲吉雖攻已太急亦恐亂而不堪然大体則吉雖爲貞正亦異乎𧰼之養正矣故吝吝者小疵象言維用伐邑自治已之外皆不可用則其道亦未光大

䷣離下坤上明夷利艱貞彖曰明入地中明夷内文明而外柔順以蒙大難文王以之利艱貞晦其明也内難而能正其志箕子以之

夷傷也明德見傷夷之卦也上坤下離明入地中是爲明夷内雖文明外則柔順以蒙大難文王以之知文王之蒙難而已不知即大易之道也明夷之時利於克艱而不失貞正悔其明謹而不敢發也惟尚乎艱不言乎退義有未可去者居乎内難之中其志常正箕子以之人知箕子居難而已不知即大易之道也

象曰明入地中明夷君子以莅衆用晦而明

莅衆之道當隱晦己德詢謀從衆唯其中不失其明是非賢否不可亂莅衆之道也非明夷之道也而聖人乃云者所以明不一之義也明入地中亦有用晦而明之義也其義不同其爲大易之道無二也

初九明夷于飛垂其翼君子于行三日不食有攸往主人有言象曰君子于行義不食也

明德見傷引而去也垂其翼隱其去迹使不見其飛也居内難之中而遽去不可速也三日不食義當速也故曰義不食也君子初未嘗置己意於其間苟彰彰然著其引去之迹是謂有攸往是謂不垂其翼主人將有言

矣

六二明夷夷于左股用拯馬壯吉象曰六二之吉順以則也

夷于左股言傷不至甚左不如右力尚全右股可以行也居内難之中引去宜速左股既傷用拯壯馬以佐其速則吉六二之所以雖傷而不甚不失其吉者順以則也不失其道也凡二五多有得道之象道心行乎患難之中其行其止其久其速自不失其則自柔順而不忤

九三明夷于南狩得其大首不可疾貞象曰南狩之志乃大得也

大抵内卦之極多有變明德之見夷傷今乃變而南往南者亨通之地離南方之卦得其大首湯武之得桀紂也舊染汙俗不可疾貞故周之治商頑民知其深染不可速化寬以教之歷三紀而始變象曰南狩之志乃大得者不在乎位也在乎道也道可以大行於天下矣此聖人之志也此聖人之大得也

六四入于左腹獲明夷之心于出門庭象曰入于左腹獲心意也

坤爲腹四陰邪不中正有入左腹之象九三奇畫爲陞有門庭之象明德遭夷傷而退至四巳出門庭而在外

卦矣夫其傷明德者小人也而小人之徒如六四者乃致其巧乃深入明夷之左腹深得其心彼明德者多醇正往往雖已遭出逐未悟其奸往往多墮其計中而不知曰獲心意言其入之巧也

六五箕子之明夷利貞象曰箕子之貞明不可息也

箕子居大臣之位故有六五之象箕子不死又不去居難而不失其貞居難而失其貞者畏難故曰明不可息也一息則入於不正矣

上六不明晦初登于天後入于地象曰初登于天照四國也後入于地失則也

上六坤卦之極有後入于地之象故聖人發此義初明後晦亦明夷之變類之也惟聖罔念作狂禹戒舜以無若丹朱傲舜告禹以惟精惟一益曰儆戒無虞又曰無怠無荒凡是深知聖狂之分其端甚微禹告舜曰安汝止舜告禹曰惟精惟一此心常安則常無所不照一不安于止微動其意則如雲氣忽興日月昏晦古人所以兢兢業業者以此

䷤離下巽上家人利女貞彖曰家人女正位乎內男正位乎外男女正天地之大義也家人有嚴君焉父母之謂也父父子子兄兄弟弟夫夫婦婦而家道正正家而天下定矣

卦辭唯言利女貞深明家道之亂多由女禍此萬世之
通患治家者不可不念不可不謹謹之之道莫尚乎禮
女正位乎内男正位乎外女不可遊庭出必擁面牝雞
無晨牝雞之晨惟家之索男女之正天地之大義也男
陽爲天女陰爲地斯義豈不昭然而或者歎然自以爲
不足以與此者邪僻之習錮之也人心卽天地之心晦
昧者以思慮爲己之心故紛紛擾擾如雲翳日如塵積
鑑孔子曰天下何思何慮箕子曰無有作好無有作惡
好惡思慮不作而本心無体清明在躬其謂男女正爲
天地之大義亦何愧父母一家之君也父父子子兄兄

弟弟夫夫婦婦而家道正正家而天下定矣其家之不正而欲求天下之正是無源而欲求流也無根本而欲求枝葉也

象曰風自火出家人君子以言有物而行有恒

風自火出風化自言行出言行又自心出言有物非無實之言行有常非設飾之行誠心善道則言自有物行自有恒誠心之足以化人初不在諄諄告語切切檢防其家之長上敬恭者其子弟必不多傲其長上寬厚者其子弟必不多急長上儒雅子弟亦儒雅長上武勇子弟亦武勇以至字畫相似氣貌畧同神化心傳誠有不

令而行之歟

初九閑有家悔亡象曰閑有家志未變也

治家之道當防閑其初及其心志未變而閑之以禮使邪僻之意無由而興而悔可亡矣不曰無悔而曰悔亡者以治家之難難乎無悔故止曰悔亡以帝堯大聖而不能免丹朱之明湼以周公之大聖而不能免管蔡之興辭然則難乎言無悔矣

六二无攸遂在中饋貞吉象曰六二之吉順以巽也

六二居内卦之中妻道也妻道不可遂事未嫁從父已嫁從夫禮也妻道惟在中治飲食之事耳故曰在中饋

妻道雖柔順不可失正非一於柔從而不問邪正也故

曰貞吉順以巽者妻道之正也爲夫則制義爲妻則順

正一也

九三家人嗃嗃悔厲吉婦子嘻嘻終吝象曰家人嗃嗃未

失也婦子嘻嘻失家節也

嗃嗃過於嚴也故有悔亦危厲然終吉著婦子嘻嘻然

不肅敬則終吝悔生於大過吝生於不足九三重剛過

中有過嚴之象

六四富家大吉象曰富家大吉順在位也

六與四皆陰柔而又巽体柔順之至也順則和和則富

諺云十人十心無財市針十人一心有財市金此語屢驗書曰德惟一動罔不吉德二三動罔不凶

九五王假有家勿恤吉象曰王假有家交相愛也

假大也王者大有其家之道以天下爲一家者也或者徃徃憂慮一人之智力安能撫愛天下如一家雖竭庫胡能周之於是不敢作此念不能盡假大之道故聖人釋之曰勿憂恤也假大之道自吉孔子又從而詳釋之曰交相愛也惟君民交相愛之心如一家爾言其心也不言其人人衣而食如家人也書曰不自滿假詩曰假以溢我又曰假哉皇考皆取大義

上九有孚威如終吉象曰威如之吉反身之謂也

九三重剛故有過嚴之象上當六位非重剛也况居巽故上九之剛唯有威如之象雖不用威而如威者德威也德威無他唯誠心於善而已矣善心誠實人自信服孚信也家道雖乎其齊以嘻嘻爲吝故以威如爲吉夫不用威而如威其初未見其齊一信服之效九斯見矣故曰終吉威如之道非用威於外反身修德人自信服

楊氏易傳卷之十三

宋寶謨閣學士慈谿楊簡敬仲　著

明　後　學廬陵劉日升
　　　　豫章陳道亨　校
　　　　漳浦林汝詔
　　　　豫章饒　伸　仝校

䷥兌下離上睽小事吉彖曰睽火動而上澤動而下二女同居其志不同行說而麗乎明柔進而上行得中而應乎剛是以小事吉天地睽而其事同也男女睽而其志通也萬物睽而其事類也睽之時用大矣哉

離火自炎上兑澤自流下睽之象曰離爲中女兑爲少女二女同居其志不同行女子有行各從其天此亦睽之象也然卦象之中亦有小事吉之義兑説也離麗也明也和説而不忤乎物而又附麗乎明哲之人六五又有柔進而上行之象上行亦得其勢矣五又得中道又應乎九二之剛備此數者而止可以小事獲吉者以在睽之時故也以其質柔故也睽之吉其事甚小睽之時用其道甚大何也天高地下睽矣其造化之事則同也男陽女陰睽矣而夫婦之至通和而不睽也萬物不勝其睽異矣而其事則類也萬物雖多不出乎八卦之屬

雖鳥獸草木昆蟲之微各從其類八卦又不出陰陽之二類陰陽又不出易道之一類曰同曰通曰類姑以曉天下之瞶瞶者昏昏不可遽盡告之盡告之將駭而不信聖言將不行於世而況筮者多逐逐滔滔之徒乎聖人亦非不盡心告之告之有序云爾類則通通則同同則一一者非合而爲一也未始不一也人心無体無体則無際無際則天地在其中人物生其中鬼神行其中萬化萬變皆在其中然則何往而不一乎如人之耳目口鼻四肢雖不同而一人也根幹枝葉華實雖不同而一木也源流瀦派洑激雖不同而一水也人唯意動而遷

自昏自亂自紛紛而不昏者自不睹其爲異也終日應酬交錯如四時之錯行雖未嘗無喜怒哀樂如雷霆風雨露霜之變化也易傳曰變化云爲至言也故曰睽之時用大矣哉用者運用通達之稱乾之所以用九者此也坤之所以用六者此也三百八十四爻之九六皆此用也此用不可以心而思也不可以力而爲也不可以目而見也不可以耳而聞也故孔子告子夏曰哀樂相生是故明目而視之不可得而見也傾耳而聽之不可得而聞也

象曰上火下澤睽君子以同而異

彖已言其同此又言其異言同可也言異亦可也故曰以同而異以同而異雖異實同也君君臣臣父父子子兄兄弟弟夫夫婦婦異也道心之中固自有如此之異用而非異知微知彰知柔知剛可以仕則仕可以止則止可久則久可速則速道心之中固自有如此之異用而非異也孔子曰天下何思何慮無思無慮是謂道心

初九悔亡喪馬勿逐自復見惡人无咎象曰見惡人以辟咎也

由天命而行之自無不利人自起心妄見妄疑妄作妄止而人心益昏天道益遠而人禍至夫人失其御故喪

其馬逐則馬逸愈不可追勿逐自復九天之道然天下之喪馬而能不逐者寡矣得失累其心疑不逐則不復後悔無及故多逐聖人直告之曰悔亡言他日不至於有悔也喪馬勿逐當自復也人有乖睽之時遇惡人惟見之則免咎不見則有咎是又以美惡累其心疑其不可見而止故亦直告之曰悔亡見惡人無咎象曰以辟咎也言止於辟咎則可苟有利心焉則不可孔子無利心故見季康子康子不悅孔子又見之而不失其聖苟以利心行之人人視已如見肺肝獲罪于天無所禱也

初與四兩陽不應有喪馬之象

九二遇主于巷无咎象曰遇主于巷未失道也

九二與六五應遇主也睽乖之時致曲以事者于巷也孔子因南子以見衛君無咎也未爲失道也由道心行之無非道者乃天地之變化也苟動於意欲則爲人心爲利心爲失道矣

六三見輿曳其牛掣其人天且劓无初有終象曰見輿曳位不當也无初有終遇剛也

六三與上九正應欲往從之而九四阻其前故見輿曳其牛掣以牛駕車牛掣則輿曳而不得進矣不特爲阻而已而九四之陽與初九皆陽既不相應而遞比六三

之陰陽欲得陰而六三正應乎上九不從乎四四陽剛居上且傷之矣四臨三上有天之象三見傷不得上通于上九有鼻之象劓刑其鼻鼻者上通之物此其所以爲睽也然邪不可以滅正睽極必通故曰無初有終象曰位不當者言六三所處之地不當既居乎剛暴之間宜其阻傷也曰遇剛者終遇上九之剛也

九四睽孤遇元夫交孚厲无咎象曰交孚无咎志行也

四與初皆陽兩陽無相應之象故睽孤然初九陽明有元夫之象其睽也未相知也一日相知其心則交孚矣雖居睽乖危厲之時亦無咎賢者之志所以寡合獨立

非絶物也巳志乎道無同志焉故也無同志則豈能以獨行今得元夫交孚則道可行於天下矣故曰志行也

六五悔亡厥宗噬膚往何咎象曰厥宗噬膚往有慶也

悔亡之義巳見初九爻嘗觀人心固有彼巳之情俱無他意徒以因事起疑因疑生睽遂至失人失賢失天下之大利睽疑之情六五有焉二五本正應徒因九二六三有相比之象故六五疑九二之失正而不往遂成乖睽故聖人之悔亡不必疑其有悔宗指九二膚柔脆六三象之九二中正噬六三而不從不正五若從九二何咎之有六五之君能用九二之賢則澤被天下民咸賴

其慶矣君當求賢而後賢從之故六五當先往

上九睽孤見豕負塗載鬼一車先張之弧後說之弧匪寇婚媾往遇雨則吉象曰遇雨之吉羣疑亡也

上九睽疑之極不可告語本與六三正應相從以六三居二陽之間陰陽有相得之象見豕首趨下疑其下比於九二又見豕負塗疑其上比於九四鬼無形安可載見其載鬼一車明其疑疑結以無爲有六三與上九本正應初疑故張弧欲射之而六三正應乎上其誠終著睽極亦通故後說弧而不射六三乃不與寇爲婚媾不與二四親比能守乎正上九若往從六三之正和而雨

則吉陰陽和則兩至至則群疑亡矣明乎天下人事本自昭明本自無事徒以不明因迹起疑因疑積意遂至於此極百疑釋則本自無事初無可言

䷦艮下坎上蹇利西南不利東北利見大人貞吉彖曰蹇難也險在前也見險而能止知矣哉蹇利西南往得中也不利東北其道窮也利見大人往有功也當位貞吉以正邦也蹇之時用大矣哉

此卦上坎下艮坎正北艮則東北之卦爲蹇則坎艮不蹇者其西南乎是故卦利西南不利東北利見大人大人有大德而在位之稱也平蹇之難其惟大人乎見大

人則可以得位可以正邦矣故曰貞吉夫見險而止凡衆之所知也何能之有何知之有而彖曰能止知矣哉何也智者初無奇智鉤深而索微也不昏而已矣凡衆之心卽聖智之心衆人因物有遷意動而昏動於利而昏動於害而昏愈動愈昏則雖有險而莫之見安其危而利其災而聖智則不然意未嘗動故事未嘗昏衆人於是有愚之名智者於是有智之名非智者之特明乃衆人之昏爾孔子因東南西北之象而發其義曰自春之始於東而中於西南窮於東北則西南有中之象東北有窮之象惟道爲中失道則窮無意無必無固無我

則中作好作惡有意必固我則窮有意必固我則有所倚則有所偏非中無意必固我則無所倚則無所偏故名之曰中微起意焉卽昏卽不中則不能見險而止則蹇而愈蹇則窮蹇之時用其詳釋已見於睽前諸卦六十四卦也坎睽蹇皆非善吉之卦凡衆於此往往碍於險難勤於憂思汩於事情安知爲至大之道哉故聖人特明之使天下後世知如坎如睽如蹇之類無非大易之妙不可以爲險難憂思事情也不特此凡曰時曰時義與其餘不言之卦皆一也皆大也皆易之妙也

象曰山上有水蹇君子以反身修德

山上有水蹇象甚明君子遇蹇難則反諸身懼己德之未善也懼己德之有缺也懼己德之猶有遠而致此也未善也有闕也猶有遠也則修焉不敢怨天也不敢尤人也卦辭及彖未發此義故於此發之

初六往蹇來譽象曰往蹇來譽宜待也

坎險在上故以遠險爲善往則陷於險來則獲譽蓋往者見利而往來者不動於利而來故譽往蹇來譽則宜待也

初二王臣蹇蹇匪躬之故象曰王臣蹇蹇終无尤也

六二應乎九五之君見入乎蹇難之中雖蹇之又蹇終

[illegible]不退縮匪躬之故也爲君也苟徒爲其身而蹇蹇則浚於利也安能免夫人之尤議

九三往蹇來反象曰往蹇來反内喜之也

往則入坎險中來則反是九三居下卦之上二陰之所喜也陽陰有相得之象二陰順承于下

六四往蹇來連象曰往蹇來連當位實也

六四居二陽之間皆阻蹇不通故往則蹇來亦連禍往來皆不可則當不動自實也實有安正不動搖之義

九五大蹇朋來象曰大蹇朋來以中節也

九五正居坎險大蹇之中朋來當蹇難輻湊而來其事

衆多也象曰以中節者言蹇難雖多而九五得中道一以中節之節者制之節之正之治之也中者道之異名無意無必無固無我則無所倚無所偏無所黨自然無所不通是之謂中雖居大蹇明至之中如鑑照物應酧交錯靡不適宜自足以節制之矣

上六往蹇來碩吉利見大人象曰往蹇來碩志在内也利見大人以從貴也

天下之事變無窮不可以一定論此卦在上初與三四皆言往蹇則上爻宜往言而此爻之辭來吉者何也天下之事變無窮不可以定論今内有九五中正之君則

當來內從中正之君以成濟蹇之功而碩大也上六亦有應九三之象此則不然從九五之大人耳故象特言從貴

䷧坎下震上解利西南无所往其來復吉有攸往夙吉彖曰解險以動動而免乎險解解利西南往得衆也其來復吉乃得中也有攸往夙吉往有功也天地解而雷雨作雷雨作而百果草木皆甲柝解之時大矣哉

解者蹇之反蹇阻於險因險而動動而免乎險辭蹇難解矣聖人作易因筮設教因人情引之而歸諸道明則爲聖人幽則爲鬼神其道一也因人之蹇難思以避難

有東西南北之意因卦之象而發之蹇卦以東北而蹇則知反之者西南西南則免乎險而解矣故解利西南西南之卦爲坤坤爲衆故有得衆之象夫衆人易得也必得道焉乃得其衆心苟不得衆不利也因象發義啓人心於正天之道鬼神之道也既解矣既利矣既得衆矣則可以已矣不當復有所往來復其常則吉夫天下惟有此道而已矣由之則利反之則害有險則思所以濟險往而濟險道當如是也及乎險難之解則已亡矣若又紛紛不已則是起私意而爲擾道不當如是也故復乎常則合乎中道故曰乃得中也中者道之異名今

不復而又動是其意必有在有所在則偏倚乎意之所在若無適無莫者不然此易多吉中之旨也苟有故往夙則吉夙早也方解之初解功未成則往而解之則有功也已解則無俟乎復往也不當往而往恐不止於無功將反生禍天地之解則雷雨變作百果草木皆甲拆所謂解之時如斯而已初無義之可求而贊之曰大矣哉何也順象已言之矣三才内外何物非此大何事非此大何理非此大何時非此大有義可言亦此大無義可言亦此大學者惟知義理之爲大則不惟不知義理易之言時義者非可以心思盡也不觀文王之詩乎不

識不知是爲帝則又不聞孔子之言乎吾有知乎哉無知也又曰天下何思何慮又曰天有四時春秋冬夏風雨霜露無非教也春秋冬夏何義之可索風雨霜露何理之可言是道也天以此運地以此順雨雷以此作百果草木以此甲拆人以此言以此動以此視以此聽以此事父事君以此修身治國平天下故禹曰安汝止苟微動其意慮則失其止矣故孔子每每止絶學者之固每每止絶學者之我學者唯數動於意必固我故不省大矣哉之妙

象曰雷雨作解君子以赦過宥罪

其在天地則雷雨作而萬物皆和解其在君子則赦人之過誤而宥罪之疑者小者可宥者不必言取象于以明三才一道也書曰刑故無小罪雖小苟故爲之必刑無赦也苟如漢以末之大赦不問故不故一切赦之則凶暴得志良善無所安存於是本善良者亦勉而爲好暴覬以禦暴也此豈治安之道哉豈天地之道哉

初六无咎象曰剛柔之際義无咎也

初六與九四正應一陰一陽交際和應故其象爲無咎

九二田獲三狐得黄矢貞吉象曰九二貞吉得中道也

狐多疑非疑阻則非解矣今田獲三狐則一無所疑無

所疑則得黃中通理蓋謂意起則必有所倚則爲有所偏不可以言中一無所用其意則無所倚名曰中土居中色黃故黃者中之象矣之爲物直直亦道之異名人之所以違道者以其不直也直心而往不支不離無非道者人心卽道故曰道心坤爻曰直方大不習無不利不動乎意直心卽道曰黃曰矣皆所以發揮此道而已貞正也貞亦道之異名正者無邪之謂人之得道變化皆妙攫其寖而入於無忌憚之中庸也故又曰貞曰中曰直曰正而得道之全者無所失矣故吉象曰得中道也此爻明學者之疑蔽至切至的而學者能通其解千

[illegible]一萬無一以孔子大聖其啓廸學者不爲不[illegible]之徒不爲不多賢唯顏子唯月至日至之徒爲不疑爲自信爾自子夏子張子游以有若似聖人惟曾子不可其言曰江漢以濯之秋陽以暴之皜皜乎不可尚已此豈口語心思之所及哉曾子雖如此言群子安知其解孔子曰二三子以我爲隱乎吾無隱乎爾吾無行而不與二三子者是丘也是惟孔子無疑群弟子皆疑

六三負且乘致寇至貞吝象曰負且乘亦可醜也自我致戎又誰咎也

蹇難未解之時則小人道長今旣解矣小人道消而猶

乘君子之器則盗斯奪之矣邦有道而猶居君子之位禍將至矣小人雖勉勉於貞正僅可免禍亦吝吝小疵有歎歎可羞之意孔子曰作易者其知盗乎易曰負且乘致寇至負也者小人之事也乘也者君子之器也小人而乘君子之器盗斯奪之矣上慢下暴盗斯伐之矣慢藏誨盗冶容誨淫易曰負且乘致寇至盗之招也

九四解而拇朋至斯孚象曰解而拇未當位也

拇微而在下初六之象九四之所解者初六而已惟其朋類至則始孚應而有所解未能無所不解其解也狹以其不當位也人臣之分不可傳大人臣之有大功者

皆君之命不敢自爲也

六五君子維有解吉有孚于小人象曰君子有解小人退也

君子得位無所不解異乎九四之解栂矣君子之解有孚驗于小人小人退則爲有解小人不退則亦安能無不解孚信也有孚可信驗之謂也夫惟正爲能解惟公爲能解有道者爲能解小人反是爲不正爲私小人不退則安能無所不解

上六公用射隼于高墉之上獲之无不利象曰公用射隼以解悖也

隼者貪財之物小人似之解之時至於上六極矣無所不解矣而貪殘之小人犹據高位而不退悖之甚者也矧公尊爵得時得勢以大公而去甚悖之小人何不利之有象曰以解悖者明有悖當解而解之未嘗置毫髮私意於其間也置己意焉即私即非公孔子他日又從而推廣其義曰隼者禽也弓矢者器也射之者人也君子藏器於身待時而動何不利之有動而不括是以出而有獲語成器而動者也上六解之極小人皆退而貪殘小人猶據高位不退聽而去又爲公此雖有其時苟無德器則亦不能有爲且括矣語成器而後可動器未

成猶未可動而况於非器乎此器以忠信爲質發於禮則生文立於義則成方其中常安常止故禹曰安汝止苟起毫髮意必固我則蔽則敗孔子絶意必固我之四者有此器矣又當養成是故君子求諸已世固有志之君子有志於國有志於民雖得時得位其功業亦未爲光明碩大者其器小而未大也大而未成猶有所虧

䷨兌下艮上損有孚元吉无咎可貞利有攸往曷之用二簋可用享彖曰損損下益上其道上行損而有孚元吉无咎可貞利有攸往曷之用二簋可用享二簋應有時損剛益柔有時損益盈虚與時偕行

此卦之象損下之剛而益上之柔是爲上九之畫損下而益上其道上行也夫民爲邦本爲民上者損上而益下則順今乃損下而益上雖其有不得已而取於民或粟米之征或布縷之征或力役之征必本之大公民藏孚信之元大也仁也道之異名也不特民信其公又行之也有道而獲大吉雖下民信之雖有道雖大吉而或者猶得而譏咎之者亦未可以爲貞正必也民信之又有道而大吉又或者無得而咎之而後可以有攸往而利也不得已取之於民則何以用之曷何也當徑其儉約雖二簋亦可用享享禮之至大至重也而猶可以用

二篇二篇儉之至也則其他可知矣苟取於民而輕用之則民心自此離畔矣此聖哲之所灼見而昏庸之主以爲無害以爲未必至是也國之大事在祀於祀而極其儉亦豈得已於取民財而輕用之不可也於斯時極其儉爾非其常也故曰二簋應有時剛者未易損也損剛益柔亦有時爾於時不得已而損之則剛者無憾大抵損已則順損人則難故以損下益上之卦謂之損損上益下之卦謂之益不特取民財凡天下曰君之及此言也百姓之東皆弗損而益之者至於公謂晃而親迎爲己重則不敢從之矣虎會爲趙簡子荷戟而不推車

亦以弗損者益之也是貞也亦不必執之而過也執之而過則失道矣九二利貞蓋中以爲志也中則無作好無作惡無偏無黨虎會荷戟而不推車正矣至於行歌則又過之不中矣九二下卦之中有中象

象曰山下有澤損君子以懲忿窒欲

山上有澤其山日損人有忿欲其德日損知忿欲之害已則知懲之窒之矣學者好讀書而不懲忿窒欲猶不讀也喜窮究義理而不懲忿窒欲不成義理也雖已得道而不懲忿窒欲是謂智及之仁不能守之雖得之必失之也

初九已事遄往无咎酌損之象曰已事遄往尚合志也
損之時方上損下光武之不用功臣之時之類是也是故已事則當遄往遄速也臣功成身退况方損下豈宜少留所以合上之志也然亦不必激而過之酌事情而損之足矣大抵天下事不可加損毫髮損益盈虛一惟其時徹置已意則并酌損之言所以去其已意去其激過使不失中使不失宜也初爻在下有退而居下之象故曰遄往

九二利貞征凶弗損益之象曰九二利貞中以爲志也
人臣之損利於貞正損已而不正則爲奸爲邪征者前

進也前進而過之則失真矣故凶必無損於道者用以益平上則可以益矣昔者魯哀公問人道誰爲大孔子愀然作色而對何柔何剛何動何静何實何虚微起意焉則有所倚倚則偏則昏昏謂之疾損其疾使遄速有喜則無咎疾不可久久則成疾疾將不可治矣是故以速爲貴

六三三人行則損一人一人行則得其友象曰一人行三則疑也

内卦本三陽於外卦之上此爻有此象故曰三人行則損一人夫二人同行則無疑三則疑此人情之常凡事

畧同正當此爻之象筮而得此筮爻必有此事他日孔子曰天地絪緼萬物化醇男女構精萬物化生易曰三人行則損一人一人行則得其友言致一也孔子欲明致一之道故引此爲證聖人循循善誘人苟能於此達致一之妙則知易曰觀其所感而天地萬物之情可見矣則知萬物一致三才一致一以貫之无所不一矣

六四損其疾使遄有喜无咎象曰損其疾亦可喜也

偏於陽爲疾偏於陰爲疾六四之疾偏於陰也陰爲柔陽爲剛陰爲靜爲虛陽爲動爲實道心无体何陰何陽何之或損或益或盈或虛事變无窮與時偕而已君子

無敢置己意於其間也微致己意焉則失道

六五或益之十朋之龜弗克違元吉象曰六五元吉自上祐也

損卦之象其道上行損下卦益上卦上卦之獲大益者其唯六五乎六五中正之君也天下唯有此中正之道而已矣得之者吉失之者凶得之者人心歸之失之者人心去之得之者天祐之鬼神祐之失之者天災之鬼神禍之或者不一之辭益之者不一也人心歸之也十朋之龜皆從而弗違天與鬼神祐之也此非六五之所求也鬼神自祐之也使六五動乎意則係乎意有所倚

則偏矣非中正之道也中正有名而无体故六五一无所爲而自或益之十朋之龜自弗違自元吉自上祐也文王不識不知順帝之則禹安止安止者寂然无所動也故龜筮協從

上九弗損益之无咎貞吉利有攸往得臣无家象曰弗損益之大得志也

上九損之極過乎中故教之以弗損也又使益已乃合中道夫既弗損又益之疑人心之不歸而有怨咎聖人正之曰无咎此乃所以爲貞正也有吉焉苟如此而往无不利也得人臣之心至於有國而无家夫能致臣心

至於國爾忘家可謂得臣心之深矣而今也乃以弗損益之而得之者何也大抵人能損己而益人己得人心至於居極止之位而損己之極則尤得人心今雖弗損己而又益之乃合中道此爻之辭皆所以抑其大過而有道之象曰弗損益之大得志也心志中正始爲得也始爲大得也如不失乎本心之大全也非世俗所謂得志也

楊氏易傳卷之十四

宋寶謨閣學士慈谿楊簡敬仲 著

明後學廬陵劉日升 校
豫章陳道亨
漳浦林汝詔 仝校
豫章饒 伸

䷩震下巽上益利有攸往利涉大川彖曰益損上益下民說无彊自上下下其道大光利有攸往中正有慶利涉大川木道乃行益動而巽日進无彊天施地生其益无方凡益之道與時偕行

觀卦之象損上之陽以益下是謂損上益下損上益下自然民說无疆矣是謂自上下下以貴而下賤以君而下賢自然其道大光矣卦象如此豈不利有攸往雖濟大險亦利也故曰利涉大川彖又推明利有攸往之道曰惟中正故有慶也彼行乎私意者惟豐己而已安能損上而益下自矜自大而已安能自上而下下損上益下自上下下非中正者不能惟中正故凡有攸往則利其言損上益下自上下下不過一二事爾孔子以中正言之則無所不通得中正之道則不獨行於益下下下而已凡中而不倚正而不邪之事皆行之無所不利涉

大川者非木不可茲言木道非有他説盖言乎濟險得其道云爾道即中正之道非有二道是道也在天曰天道在地曰地道在人曰人道言乎其不倚則曰中道言乎其無邪則曰正道言其自上下下則爲大光之道言乎涉大川則曰木道於此卦又言凡益之道未至於一貫之不足以爲道得其道則行失其道則敗動而巽不忤於物則日進無疆其益無窮此人之得其道故致益也天施焉地生焉其益無方廣大無際此天地之得其道故致益也動巽不忤動巽不忤而已不必復求其説復求其説則失動巽之道天施地生天施地生而已不必

復索其義復索其義則失施生之道凡益之道不可勝言與時偕行隨事而應不可預料而不可有所倚不可入於邪則同是謂中正萬世不易之道人心即道故曰道心道心無體因物有遷遷則有所倚有所倚則入於邪不動於意本無所倚本無邪偏何思何慮自至自中自神自明自無所不通人之所以動而巽者此也何思何慮天之所以施者此也何思何慮地之所以生者此也何思何慮唯無思故無所不明唯無爲故無所不應凡易之道皆此道也皆大易之道也

象曰風雷益君子以見善則遷有過則改

凡善卽遷當如風雷之疾有過則改當如風雷之疾如此則獲益人誰無好善之心往往多自謂已不能爲而止人誰無改過之心往往多自以難改而止凡此二患皆始於意意本於我道心無彊何者爲我淸明在躬中虛無物何者爲我雖有神用變化云爲其實無体知我之本無体則聲色芬芳之美毁譽榮辱之變欻生之大變如太虛中之雲氣亦如氷鑑中之萬象如四時之變化其本体無所加損何善之難遷何過之難改舜聞一善言見一善行若決江河沛然莫之能禦者以舜之胷中洞然一無所有故無所阻滯也

初九利用爲大作元吉无咎象曰元吉无咎下不厚事也

此卦損上之一陽而益下則初九一爻爲一卦得益之最矧六四在上而應之上下陰陽之情和故初九利用爲大作益利之事然必元吉而後无咎元者道之異名以道致吉謂之元吉亦曰大吉元大也必元吉而後無咎者下不宜厚事乎厚事猶大有爲也非居下之道也惟上之人任而用之知而信之則可元吉不然則不可

六二或益之十朋之龜弗克違永貞吉王用享于帝吉象曰或益之自外來也

此卦下卦獲上之益而六二居下卦之中得中正之道

者必大得人心大得天地鬼神之心以天地神人同此一中正也宜其同歸焉已詳著於損六五之爻而六二臣道也臣下而獲盛益慮其失正也又慮其不能久是故永貞則吉者伊尹周公則永貞矣若王者用此中正之道克享上帝之心則無所患慮其吉也無疑象曰或益之自外來也亦猶損六五之或益之自上祐也皆言乎本無求益之意而益自至也曰自外來言乎非中心之所期自外而至也苟動乎意即失乎道安能致大益六三益之用凶事无咎有孚中行告公用圭象曰益用凶事固有之也

初言下不厚二言永貞懼其獲上之益而戒之也初居下二得中猶諄諄恐其大過而失人臣之正也而況於六三之過中乎然既有所以致益惟用之於凶事施之於禍難之中則竭忠盡力雖不免過常亦無咎也雖則云然亦必在我者有忠信誠確之心人咸孚之又中行而無偏無黨告於上九之公用圭以通誠象曰益用凶事固有此道也

六四中行告公從利用爲依遷國象曰告公從以益志也

諸卦惟二五言中餘爻皆不言中惟復之六四與益之六三六四言中聖人蓋欲以此發明中道無所不在無

所不通人心皆有之顧人不行耳此不曰行中而曰中

行蓋以明中道人心之所自有非在彼而我行之也舉

此三爻言中則他卦他爻皆可以言中謂天下萬世人

心有一之非中者是誣天下萬世也惟中行故告公而

公從六三告公以上九有公象至此爻則以何爲公象

四初應而爲公則公不在下然則九五在上既親比而

陰陽有相得之象則九五爲公也事變之不可執一論

率類此況五之爻亦非止言大君公亦一國之君亦有

霸王之象言公則所包者廣屯之五小畜之五大臣之

象遯之五嘉遁明夷之五爲箕子之明夷旅之五皆貽

然非君象小過之五亦言公同人之五噬嗑之五賁之五復無妄之五大過習坎咸恒大壯夬艮漸歸妹既濟之五皆泛言不明著君象公亦有公而不私之義使其不公則難於告矣利用爲依遷國者六四體柔不能自有所爲依公以遷國爾益卦本以九四下而爲初九初六上而爲六四有遷徙之象遷國所以益民也以益民之志告公故公從也益民之志非私也故公從也

九五有孚惠心勿問元吉有孚惠我德象曰有孚惠心勿問之矣惠我德大得志也

人君欲施益於民不必求諸物不必求諸外求諸己求

諸心是矣何謂心人皆有心人心皆善皆正自神自明惟因物有遷遷則意動則昏昏則亂如雲翳日如塵積鑑其本善本正本神本明者未始磨滅也今誠能不因物而遷意不爲動則正善神明之心乃治安之本根未有君心善正神明而民不被其惠者亦未有君心不正不善不明而民被其惠者苟惟以財惠民則財有限惠有限雖被小惠不免濫刑不免虐政設被惠於今日必不及於他日夫惟國之庶政皆自君心出君心一正則庶政咸正而民不被其惠者乎其有不正則庶政即隨以亂姦邪得志善良無所告民被其禍有不可勝言者

是矣故君心者民惠之大本惟聖哲之主能用此以惠民苟非聖哲皆不能求諸此乎信也有能求諸心誠信而無僞則不必復問其如何必獲元吉必信其民之惠我德惠我德之惠也言民心被我德之惠斷可信也聖言所以諄諄者恐人心多疑疑心必不能惠民故云云也若夫聖哲之君則深知己心之本正深知民心亦皆本正惟無以感之有以感之於上則同然之機其應如響書若有恒性克綏厥猷惟后此人主之本職也今民惠我德則順其性綏其猷人主之本職不曠矣聖哲之本志得矣故曰大得志也

上九莫益之或擊之立心勿恒凶象曰莫益之偏辭也或擊之自外來也

孔子曰莫之與則傷之至矣則莫益之者言無有益之者當從孟氏本曰偏辭也言乎人心皆疾之莫有益之者周徧之辭也謂衆人之辭也若從陸本作偏則義說迂曲非孔子之旨也立心勿恒凶明此爻立心之不善宜卽改易切勿恒久其象凶衆皆不與之莫之與則或擊之矣自外來言非所料而自至也孟子曰不仁者可與言哉安其危而利其災樂其所以亡者不仁而可與言則何亾國敗家之有然卜筮則求諸神筮而得此爻

庶乎畏明神而或攺也彼立心之不仁不可以枚數或慢天或虐民或悖亂其天倫或窮兵或棄賢或棄政言之莫窮而或者因孔子他日有所感而言曰君子安其身而後動易其心而後語定其交而後求君子修此三者故全也危以動則民不與也懼以語則民不應也無交而求則民不與也莫之與則傷之者至矣易曰莫益之或擊之立心勿恒凶遂止以此三事釋此一爻殊失孔子本旨夫此三失甚微也尚不免於凶而況於他乎

䷪乾下兌上夬揚於王庭孚號有厲告自邑不利即戎利有攸往彖曰夬決也剛決柔也健而說決而和揚於王庭柔乘

五剛也孚號有厲其危乃光也告自邑不利即戎所尚乃窮也利有攸往剛長乃終也

夬決也以五陽而決一陰以衆君子而決一小人也故曰剛決柔也下卦乾健上卦兑説雖則健而説雖決而和未嘗怒也未嘗私也怒則私矣覆載之間皆吾之赤子彼昏而爲小人良可念也小人不可居上天道也決而去之何私怒之有動於怒則我已爲小人矣已當在所去之類安能去人是故健而説決而和卦出此象以教君子也揚于王庭以一小人勢將去而反居上乘五剛衆君子殊爲抑逆輿情之所大不平也得時得勢得

理故可揚于王庭也不然則不可也此雖當揚庭而決去而亦不可不相與誠心警戒以危厲也號警戒也故曰其危乃光也以得時得勢之衆君子而去一已衰之小人亦何至於危也而事不可忽不可不戒能自危厲乃爲君子之光也告自邑者謂特警號其已類爾邑者已之象其詳釋已見謙上六爻不利即戎言不可以兵戎也即戎則縱矣甚矣尚者縱甚而不謙下之謂也即戎得以爲尚也乃以取窮也天道虧盈而益謙人道惡盈而好謙孚號有厲告自邑則利有攸往則可以決小人也曰剛長乃終者言小人未盡去則當決則當往有

所決至小人已去而剛道已長則終止不可復有所往也如其爲已甚窮治小人不已則反取禍矣故曰乃終終止也

象曰澤上於天夬君子以施祿及下居德則忌

澤上於天則夬決而下及萬物一柔已決羣剛成功君子則施祿及下以報其功君自以爲已德而自居之則爲忌嫉非君子之道也

初九壯於前趾往不勝爲咎象曰不勝而往咎也

初九位下德弱乃不自度奮然而欲行夬決之事是爲壯於前趾趾在下而小之物往必不勝其任矣故爲咎

不勝其任而冒往故咎

九二惕號莫夜有戎勿恤象曰有戎勿恤得中道也

惕懼警號雖莫夜不懈則雖有兵戎勿用憂恤何以知九二之能惕號莫夜以九二得中道而知之也既得中道必不縱逸必明明則必知所警慎聖賢之道中而已矣何所往而不通卦言孚號又言惕號易箴其急於爻故爻辭尤不可廢

九三壯於頄有凶君子夬夬獨行遇雨若濡有慍无咎象曰君子夬夬終无咎也

頄面之顴也壯於頄頄悻悻之怒見諸顴也用壯如此君

子中之小人也淺者之決大率類此遵道而行何怒之有動於怒怒而見有凶言君子道長小人已衰之時雖未必至於凶而有凶之道焉君子雖夬夬大義不可易而斷不動於意故獨行遇雨陰陽和而後雨雨有和之象其和亦未嘗作意和之而君子之道心自是健而說決而和故曰遇雨也若濡而實不濡彼徒見若濡之迹必有見愠者而君子之心忠信無私夬夬之義亦未嘗變人所深信故終無咎彼不知道者以爲君子既夬夬安能與之和既和安能夬夬不知道心如天地寂然無思無爲而有風雨有雷霆有霜雪變化無私

九四臀无膚其行次且牽羊悔亡聞言不信象曰其行次且位不當也聞言不信聰不明也

九四乃君子中之小人九剛四柔外雖剛而中實柔邪居羣剛之中不與俱決故爲在下之剛者所傷故臀無膚勢不得不與之俱而其行次且若能如羊以羣進相牽以往則可悔亡然雖聞是言往往不信何以知其不信以九四不知道其心與小人同故不可告語也位不當也者言九四所處之位亦已高矣況在乎衆君子之間不當如是也聞言不信聰不明也使其聰明則曉是非榮辱吉凶安得不信

九五莧陸夬夬中行无咎象曰中行无咎中未光也

君子之勢至於九五亦已盛矣一陰之勢已去特其體猶存爾柔脆如莧而又在陸陸人所行踐其莧之不可復存昭昭矣如必施夬夬之决蓋過之矣故聖人教之曰中行無咎中未光者謂夫莧陸夬夬之人雖勉而爲中行非本性之大中未爲光明也惟實得道者爲光明他卦惟二五爲中今乃未光以有莧陸夬夬之象故也

上六无號終有凶象曰无號之凶終不可長也

夬之去六柔已決去剛道已長然不可不敬戒苟忽焉不敬不戒不警號則亦終有凶雖未必凶遂至而既不

警戒則放逸逸則既失道矣失道者終於凶

䷫巽下乾上姤女壯勿用取女彖曰姤遇也柔遇剛也勿用取女不可與長也天地相遇品物咸章也剛遇中正天下大行也姤之時義大矣哉

一陽之生曰復一陰之生曰姤姤者内非陰之本位故不言復惟取剛柔相遇之義曰柔遇剛者明柔爲主也一陰雖微而其勢則自内而長陽剛雖盛而有寖消之勢故此卦有女壯之象女之壯者不可取也其物雖和其後必并壯則漸不可制故曰不可與長也女壯之足以敗國亡家往古可監也小人之柔邪諛媚猶女壯也

其足以敗國亡家亦猶是也人不善之心寖而長其端甚微其流寖廣此則敗國亡家之本尤不可不戒也爝火之微即可燎原涓涓之流或可滔天是故禹曰克艱皐陶兢兢業業皆此道也是卦非善也而聖人發揮之曰天地亦相遇也而品物咸章剛遇中正亦遇也而天下大行顧人未知夫遇之之道爾男女之相遇天地之大義也人惟不明斯義故有女禍是卦二五皆剛而中正體之剛者既足以興事造業而又中正焉則豈不可以大亨於天下遇之爲言若出於二遇之爲義實出於一故曰天地之道其爲物不二則其生物不測人心

善自中自正自剛健如玉自白自瑩自溫潤而非二玉也如金自黃自剛自明而非二金也人惟因物以遷意動而昏如雲翳日如塵積鑑故紛紛擾擾曰二曰三十百千萬斷斷殊列一日覺之心本無體清明如日月變化如四時衆德自備百年自有未始不善思慮不作一無所倚彊名曰中本心如此自無邪僻彊名曰正是其清明無體之妙非血氣也非物也有物有氣血則可得而屈息非物非氣血則不可得而屈息因其不可得而屈不可得而息故彊名曰剛健此人之心也即天地之道也一也故天地可得而範圍萬物可得而曲成始之

時義大矣哉於人相遇之時男女相遇之時天地相遇之時萬物相遇之時有義焉人所不知也大矣哉即其所不知即大矣哉之妙也聖人於此惟曰大而止亦不得而贊其辭故孔子曰吾有知乎哉無知也又曰天有四時春秋冬夏風雨霜露無非教也聖人竭誠啓告盡於此矣學者於此往往又謂於此當復有不容言之妙吁是又以意求之姤之時義非意也即此學者之妄意即姤之時義即六十四卦之義即天地之義往往人不知惟不知故妄故曰知則不知不知則知

象曰天下有風姤后以施命誥四方

后不親往四方也惟施命以誥之而四方咸周焉卽風之無形而廣被萬物也愚者以爲有二明者以爲實一何止與風爲一其與天地萬物未始不一也

初六繫於金柅貞吉有攸往見凶羸豕孚蹢躅象曰繫於金柅柔道牽也

柅王作柅子夏作鑈蒼頡篇柅作檷許氏說文曰呂氏字林曰檷系跌也字或作鉺女指反盖絡系之器也陰爲小人雖在下而有浸長之勢不可不制惟君子乃能制之金柅君子之象君子之制小人不以剛暴惟以陰道奉制之亦以初六在下尚微弱不必以剛制也君子

之制小人亦非私意惟以貞正之道而已矣苟不出於正而有譎術則既失道矣安能制之天下惟有道者能行能濟不於其微弱易制之時制之而有所往則見凶矣豕雖羸他日必蹢躅孚信也言可信可必也

九二包有魚无咎不利賓象曰包有魚義不及賓也

姤之時惟其所遇不必遠應陰者陽之所欲魚陰類魚亦人之所欲九二得初六而有之雖非正應惟在姤時以遇爲主遇則親焉故無咎在常時則爲不正難乎免咎今既包有之自然他人不得而復有之故曰不利賓此理義之自然勢之所必至也故曰義不及賓也得民

心而有之民為文王武王所有則紂不得而有之矣得小國而有之鄭在晉則不在楚在楚則不在晉矣得賢才而有之齊有管夷吾則他國不得而有之士會入晉則秦不得而復有之矣

九三臀无膚其行次且厲无大咎象曰其行次且行未牽也

初六一陰為衆陽所應九二既包而有之勢不及其他而九三乃有爭取之意故為九二所傷臀無膚有所傷也其行次且意猶未已豈不危厲然無大咎者何也以其行未至於牽於初而不行也故有小咎無大咎苟復

行則二終不已獲咎大矣楚雖欲鄭而晉既有之楚雖不樂而終於已矣楚所以無大咎也

九四包无魚起凶象曰无魚之凶遠民也

初本與四爲應今以四遠之故近爲九二所有則九四包無魚魚本我所有而歸之他焉人心畔離矣故起則凶謂動則凶民可近不可遠其義於是著凡易一爻該義甚多此惟以遠民爲言者明其義之著者也

九五以杞包瓜含章有隕自天象曰九五含章中正也有隕自天志不舍命也

杞者美材也九二之象瓜者陰柔在下之物初六

九五中正在上不自用其章而用九二之賢以杞瓜以系道制小人九五已盡中正之道而有隕墜乃自天也非人之所爲也非人之所致也人道已盡已無毫髮之愧而後可以言命也大王已盡中正之道而不免狄人之難天也文王已盡中正之道而有羑里之難天也大王文王何與焉故曰志不舍命也

上九姤其角吝无咎象曰姤其角上窮吝也

上九剛而上窮有角之象失其所以與人姤遇者如角然剛固之過枯槁而不和洽吝道也狷者之疵爲吝然嚴勁剛介異乎輕肆放逸者矣故無咎象曰上窮者言

其窮而小通也泄柳閉門而不納段干木踰垣而避之是謂姤其角孔子見南子欲從佛肸公山之名變通之道也

楊氏易傳卷之十四

楊氏易傳卷之十五

宋寶謨閣學士慈谿楊簡敬仲

明後學廬陵劉日升

豫章陳道亨　校

漳浦林汝詔

豫章饒　伸　仝校

䷬坤下兑上萃亨王假有廟利見大人亨利貞用大牲吉利有攸往彖曰萃聚也順以説剛中而應故聚也王假有廟致孝享也利見大人亨聚以正也用大牲吉利有攸往順天命也觀其所聚而天地萬物之情可見矣

順以説剛中而應何以能聚也順説剛中而應者道也具見於卦象坤順而無拂兑説而能和九五之剛足以有立中而無所倚人心咸應備此衆德故也此衆德皆非自外至也道心之所自有道心無蔽則無虧焉則自全有蔽焉則有虧則不全或盡失之其有不順則生於意之支支則違其有不説則生於意之固固則不和其有不剛則生於意之懾懾則弱其有不中則生於意之有所倚倚則偏其有不應則生於意之猶有未善猶有意有我也不然則何以不應人心即道故曰道心道心無体無我如日月如天地其變化如四時意不作則無

蔽之者無窒之者洞然混然自順自説自無所懾而剛

自無所倚而中人心自無所不應曰順曰説曰剛曰中

曰應皆所以形容道心之言而非有二也假大也王大

其廟之道教孝享也此萃聚之道也人心之所以乖離

者君不君臣不臣父不父子不子也有廟父父子子之

道也愛敬之心生而達之天下則無所不愛敬也不敢

侮鰥寡不敢遺小國之臣尊賢敬民皆由愛敬之心以

生兒以愛感愛以敬感敬上以孝慈之心動於上則下

以孝慈之心應於下人皆有忠孝之心惟其無以感之

感斯應應則忠孝達於天下忠孝一心也一道也萃聚

之道也利見大人亨利貞聚以正也惟大人爲正人心之所同然者道也孝也忠也正也皆道之異名也御之以道則人心皆應皆聚御不以道則人心皆離皆散萃聚之時民物甚大則當用大牲隨時也故曰順天命也盛大天之所命也不可以爲已之爲也既見大人既貞正既亨而利既萃盛大則有攸往當無不利亦天命之往也人則順之也觀其所聚聚必以正聚必以道天地之氣所以和而聚者此也萬物之所以生而聚者此也凡人心物情之所以萃聚皆此也咸卦言之矣恒亦言之矣通乎此則無所不通矣通天下一而已矣即他卦

時義時用大矣哉之道也卽六十四卦三百八十四爻之道也

象曰澤上於地萃君子以除戎器戒不虞

澤之所以能瀦水而高上於地者以有坊也民之所以得安居焉而聚者不可無武備之防也除治戎器戒備不虞皆大易之大道也

初六有孚不終乃亂乃萃若號一握爲笑勿恤往无咎象曰乃亂乃萃其志亂也

初六柔而不堅弱而不固有初而無終有有孚不終之象有孚不終乃亂乃萃矣言亂其萃聚之道九四正應

不見相違之象而初六孚信自不固似號而悲矣又一握爲笑言號笑雜而爲一也於是教之以勿憂卹四之不應而遂往則無咎象曰其志亂也以號笑雜而知之

六二引吉无咎孚乃利用禴象曰引吉无咎中未變也

六二正得臣位故正言事君之道君子未嘗不欲仕也又必待上之求之而後可進不見引而遽進則言將不聽道不可行故必引之而後吉無咎不然則人將議我之冐進矣禴者祭之薄誠則至也必俟上之見孚而後臣可以竭誠而達于上不然則未可易達也象曰中未變者中謂六二之中心也六二中正不遷於物不以進

退窮達變其中心也中正則無已私無已私則安得而變故曰中未變也坤六五文在中也亦中內之中

六三萃如嗟如无攸利往无咎小吝象曰往无咎上巽也

萃如六三之本志嗟如以上六之不應故無攸利雖無攸利然往亦無怨咎有小吝吝者不足之詞象曰上巽者言上六柔巽雖不應而亦不至於相忤也人情事理有如此者

九四大吉无咎象曰大吉无咎位不當也

九四居近君之位而群陰承之群心萃之非所宜也必大吉而後無咎大吉難以備言已盡其道得君之心無

失無害斯無咎矣所以必大吉而後無咎者以九四所處之地難也不當者不安之意人心不歸君而歸臣故不安也伊尹周公之事也

九五萃有位无咎匪孚元永貞悔亡象曰萃有位志未光也

九五之萃民雖咸君之然有位而已雖人無怨咎而匪孚信之也元永貞則悔亡矣元者道之異名貞正也正而不永其正非元曰元是矣又曰永貞者慮人守正之不永故又以明之也象曰志未光也于巳見其德之不光大故徒有其位未得人心人心在四而不在五見之

於卦象

上六齎咨涕洟无咎象曰齎咨涕洟未安上也

位之上者宜以賢明居之今上六乃以陰柔而居上非其道也非其道故人心不應不聚六與三兩陰無相應之象然上六非傲亢者柔巽之極故有齎咨涕洟之象故無咎象曰未安上也言其不自安於上位也故齎咨涕洟

䷭ 巽下坤上 升元亨用見大人勿恤南征吉彖曰柔以時升巽而順剛中而應是以大亨用見大人勿恤有慶也南征吉志行也

上坤下巽木從地中而升故有升象然而柔升於上柔非能升者得時故升爾其所以元亨者何由而致之也巽而不忤順而無違剛而不偏屈中而無偏倚人心咸應合此五者是以大亨元大也道之見於升者有此五者之名名雖五而實一也道心無我中虚無体自然於物無忤自然於理無違無我無體則安得而偏屈何思何慮則安有所偏倚無毫髪之私無一之不善則自然感應矣是以大亨大人者道之所在也是故用見大人見大人則亨矣勿庸憂卹也道之所在亨利隨之見大人則有慶澤之所及者廣也不見大人則道何由而行

南者離明之方征往也就明則吉慮人妄有所依而非明哲實非大人故又曰南征則吉不然則亦未保其吉也所往就者果明則志斯行矣

象曰地中生木升君子以順德積小以高大

孔子曰據於德德得也實得於道也非言語之所及非思慮之所通故中庸曰苟不至德至道不凝焉夫道一而已矣豈有道德之異哉人心有昏之間故聖賢立言辨析其所以異自古昔以來崇道者紛紛而得道者千無一萬無一學者以思慮之所到為道以言語之所及為道則安能無所不通變化無窮哉據之為言非若有

若無惚恍之間也實有而實可據也惟其未嘗思而思也未嘗爲而爲也蒙以養正養此也順是而養之自漸至於高大不可揠苗也揠苗者是無妄之疾而施藥也愈益其疾戾惟蒙可以養之蒙者文王之不識不知也孔子之無知也善養德者莫善於此道雖洞明須有故習故習難於頓釋也順而養之意態不作則本德自明自神自無不善自高大矣本無高因人之卑陋而名其不卑陋者之爲高本無大因人之小狹而名其不小狹者之爲大曰順曰積皆設爲之辭自得自信者自知之彼未有德者徃徃徇名失義徇名失實是謂章句儒

初六允升大吉象曰允升大吉上合志也

初在下不可以遽升必待在上信之而後可升允者信之至也故大吉

九二孚乃利用禴无咎象曰九二之孚有喜也

是爻與初六允升之義亦同與萃二之辭又同何聖人重復致意若此斯義臣下之所急人之躁於進者多故聖人復發其象以不待上之見孚而冒進已說者徃徃而是故象曰有喜也明夫九二之能待上之見孚乃用禴殊爲難得可喜也知其不能待者多也禴通誠於上也禴祭物薄而誠至待孚而用禴者易之道也不待見

孚而冒進者失易之道也

九三升虛邑象曰升虛邑无所疑也

此卦之奇畫在前多有阻遏之象今九三之前畫耦畫無所阻遏故有升虛邑之象又曰無所疑也凡升而一無所疑阻者謂之升虛邑

六四王用亨于岐山吉无咎象曰王用亨于岐山順事也

此文王之象也或謂周公作爻辭者於是知其指文王也文王之位幾於五矣三分天下其二已歸心矣而文王就順事之德六與四皆陰有柔順之象也

六五貞吉升階象曰貞吉升階大得志也

六五之升貞正斯吉貞正之吉如升階然升階以禮而升也舜禹是也其有不幸而爲湯武之權豈聖人之本志哉大不得已也故湯使伊尹五就桀覬其或可轉也卒不可轉天命伐之不得已而奉天故聖人如舜禹之以禮而升而後爲大得志大得志者出民於塗炭之中以斯道而覺之此心天地之心也

上六冥升利于不息之貞象曰冥升在上消不富也

冥升者亦不知其所以然而升也貪進不已者冒昧而升則大禍也何利之有所利者獨利於不息之貞冥升正道不息悠久蒙以養正乃作聖之功孔子旣曰發憤

忘食可謂不息矣而又曰吾有知乎哉無知也然則孔子之不息未嘗有知知則動於思慮動於思慮則息矣非進德也又曰忠信所以進德也忠信非思慮如斯而已矣知斯而已何思何慮心慮一作即有穿鑿即失忠信文王不識不知順帝之則者宜升之貞也顔子三月不違者宜升之貞也其餘月至者一月之宜升也日至者一日之宜升也自一日一月三月之外不能無違者意微動故也未精未熟故也熟則意不復作如孔子之皜皜矣象曰消不富者消則虛不富者不實也不實而虛者非意之也人心無體無體則何所有未始不虛也

意動故不虛此虛明無體本無進退困故習積久故蒙養以漸消其習氣其間有情者故以不情者爲不息非思亦非爲有思有爲皆息皆情孔子止以顏子爲好學餘月至日至者亦不與焉雖其情也故曰知及之仁不能守之雖得之必失之不自安之貞仁也

䷮ 坎下兌上 困亨貞大人吉无咎有言不信彖曰困剛揜也險以說困而不失其所亨其惟君子乎貞大人吉以剛中也有言不信尚口乃窮也

此卦剛盡爲柔所揜故爲困坎險兌說雖在險中而不失其所說樂是困而不失其所亨惟君子則然蓋君子

不以氣血爲已以氣血爲已則勞其筋骨餓其体膚處其賤辱則已勞已餓已賤辱也安得説樂而亨乎惟君子不以氣血爲已道心無体變化云爲神用無方無眀不息其樂何窮不以貴富而加不以賤貧而損宜其不以困而失其所亨也然而至於貞正則爲大人乃吉無咎謂夫於困揜之中而能不失其貞正者又非君子之所能君子德未備道未全大人則道全德備膚知燭微如日月之代明神聖應变如四時錯行從容委蛇乎羊腸九曲之間而每發中的故雖困而不失其正子路之死子羔之去可以爲君子不可以爲大人之貞孔子則

不然雖見南子背蒲適衛欲從公山佛肹未嘗失正也子路剛矣而未中中者不作於意一無所倚如大虚然虚則明明則不輔子以拒父矣剛中之德惟大人有之人皆有之昏而蔽之賢者昏明雜之惟純明爲聖人聖人即大人子路子羔未能免天下後世之議故不謂無咎困之時安可有言有言必不信言而見信則不困矣故曰尚口以正有言者之罪使君子知所忌而不敢也

象曰澤无水困君子以致命遂志

上兊下坎是水在澤之下澤中無水也澤而無水其困槁之象可見君子以爲困者命也天也安之不敢復有

所爲惟自遂其志志非氣血非形体形体氣血可困也志孰得而困之哉故彖曰不失其所亨習坎曰維心亨此之謂也

初六臀困于株木入于幽谷三歲不覿象曰入于幽谷幽不明也

株木九四之象木能庇下困之時九四不足以庇其初初六困而不能興故曰臀困于株木坎險之下耦畫虚闕有入于幽谷之象三歲無所見覿見也幽不明也此爻可謂甚矣而不言凶者何也困雖君子大人不能免而吉凶則在人也

九二困于酒食朱紱方來利用亨祀征凶无咎象曰困于酒食中有慶也

困于酒食困于祿也困則未見用於君故無祿也紱蔽膝之物朱者南方文明之正色而含其君之象含則爲朱發則爲赤九五中正陽明之君必求九二中正陽明之臣朱紱方來言九五行且來于二九二利用亨祀竭誠以事之祀尊上謂之亨祀祭其下曰祭祀雖通稱而因亨以致其別則明九五之祭祀爲祭下然不待朱紱之來而遽征往焉則將爲小人所困故凶其無咎者以二五君臣皆賢心相知故無咎尤而衆亦信之惟陰邪

小人則拚之也象曰中有慶者謂九得中道而致慶使九二不賢則九五必不求之

六三困于石據于蒺蔾入于其宫不見其妻凶象曰據于蒺蔾乘剛也入于其宫不見其妻不祥也

九四阻其前如石九二剛而在下如蒺蔾故乘剛也上下俱困及反而入于其宫又上六不應是不見其妻故凶其所以不祥至此者何也自取之也六三不中中者道之異名不中失道也失道致凶自取之也君子所以自反求諸已

九四來徐徐困于金車吝有終象曰來徐徐志在下也雖

不當位有與也

九四之正應在初而九二在下堅剛阻之以九三初六比近陰陽有相得之象初爲二所有則九四不得而應而困矣故曰困于金車吝然四與初正應也九二雖金車終不能奪正故四終與初六爲應故曰有終來者志在於初也初下也徐徐困于金車也象惟曰來徐徐志在下者舉其畧也九四雖未甚得位然有初六之相與不至甚困

九五劓刖困於赤紱乃徐有說利用祭祀象曰劓刖志未得也乃徐有說以中直也利用祭祀受福也

劓刑其鼻是上爲陰所困也刖刑其足是乘剛而困于四也爲君而遭困如此其志未爲得也言必有失赤紱臣有爲而色舒發九之象也朱色含赤色發紱者蔽膝之物有行之象謂九二不應故曰困于赤紱然九五志求九二中正之臣其理中直中直者終得之故徐徐而有喜説既得九二中正之臣則當竭誠相與祭祀用誠也九二曰享享上也則知九五之祭祭下也上下相與以誠致福之道也夫二五皆中而二則微困而全美五乃劓刖而又曰志未得者何也臣則兼有所制不得自爲也君則一無所制一無所制雁困焉者是必有以致

之也然九五居中又非無道之象故曰志未得也明其用心必有失又曰中直而已不曰中正也

上六困于葛藟于臲卼曰動悔有悔征吉象曰困于葛藟未當也動悔有悔吉行也

上六前無阻宜往以脱困而柔懦疑滯不能决葛藟滋蔓柔弱盤旋實似之又乘剛故有臲卼不安之象聖人教之曰苟疑慮而曰動懼悔則果有悔矣若不復疑慮而遂征則吉征往也夫其疑慮將以求當也而於此疑慮之過則未當也吉行也者在乎行也

楊氏易傳卷之十六

宋寶謨閣學士慈谿楊簡敬仲 著
明後 學廬陵劉日升
豫章陳道亨 校
漳浦林汝詔
豫章饒 伸 仝校

䷯巽下坎上 井改邑不改井无喪无得往來井井汔至亦未繘井羸其瓶凶彖曰巽乎水而上水井井養而不窮也改邑不改井乃以剛中也汔至亦未繘井未有功也羸其瓶是以凶也

上坎水下巽有巽乎水而上水井之象井贍養潤澤之功無窮而實寂然不動邑可改何爲乎莫之改也人心即道故曰道心道心無体變化云爲養物惠民而心未嘗動無喪無得或往或來巽水而上而所謂井者如故也應酧無窮而所謂無体者則一也微泉汔至未淵未深亦未繘井未有及物之功學未通達是爲汔至小有知省雖異乎昏蒙而猶蔽猶阻通達未淵澄養巳尚不足難乎及物苟強以及物則有羸瓶之凶適足取敗羞人雖皆有道心而自知者寡自知則自信自信則自善自正自神自明自無所不適此非告語之所及自知一

已矣人惟自見其過失之多而自莫之改也故不信本心之本善本正本神本明不知夫患生于妄意之興意興則昏則亂一日覺之則吾未始或動未始有改未始不備衆德神用四發如風雨之散潤如日月之代明如四時之錯行也不可度思矧可射思

象曰木上有水井君子以勞民勸相

井至於及物則有功水本在下今木上有之爲出而及物之象卦辭既言繘井巽而上大象又言木上有水皆所以明及物之功何也疑其重復爲贅深惟聖人設教厥有大旨學道之士往往索盡精微極之於寂然不動

又雖欲靜未必果靜雖欲不動未必果不動此萬古學道之通患不知夫道非動靜之可言尤非溺於沈寂者之可得道心神明通達無方變化無窮而亦未嘗或動如水鑑中之萬象是謂天下之至動天下之至動即天下之至賾不得乎變化之妙者非實得道者也故聖人屢言及物之功其旨在此君子勞民所以安養之也又勸之交相爲養養物之功於是乎無窮君子之勸相非後世之空言觀周官比閭鄰里之治如家人子弟則君子之勸相實有勸相之功

初六井泥不食舊井无禽象曰井泥不食下也舊井无禽

時舍也

初與四兩陰不相應有不食無禽之象井泥不食汙下故也巳德不清明致人不食此當求諸巳至於舊則非汙下乃時舍之廢之禽尤去之而况人乎此則在時而不在我

九二井谷射鮒甕敝漏象曰井谷射鮒无與也

九二中正非泥者而九五不應君不用之則二之所及者惟鮒而巳鮒魚之至小者初六象之甕敝漏汲者之過非井之罪故曰無與也言無應不見用也

九三井渫不食爲我心惻可用汲王明並受其福象曰井

渫不食行惻也求王明受福也

井上出則及物有功諸爻凡在下者皆有不食不及物之象九三則陽剛有爲有力能渫治其内者也雖渫治而亦不見食爲我心惻者以九三不中非有道者徒彊力於善此類多有憂世太過急於爲人之意以此反爲人所棄而不食然此亦吉士亦可汲有明王作並受其福言亦不棄也亦可用也求之爲言亦以明九三之過惻也求也其狀可見

六四井甃无咎象曰井甃无咎脩井也

三與四皆不中皆井有道者然三動四靜故三爲渫四

爲毳毳雖未免乎滑比之渫則稍静矣惟静故不行惻

不求王明

九五井洌寒泉食象曰寒泉之食中正也

寒泉洌然無喪無得寂然不動也食者及物也中正之道自不動自有及物之功非索之外者人心之所自有也

上六井收勿幕有孚元吉象曰元吉在上大成也

收者歛藏之義井卦之上其及物之功盛矣人以爲散出也聖人特反而言之曰收所以明道也知散與收之無二則得其道矣又慮其或止於静也故又曰勿幕勿

幕所以大開及物之功用明井道之大成也收與勿幕言似異而實同似二而實一孔子又以有孚明此道有孚者誠實也孔子又嘗言忠信爲大道又曰主忠信又曰信以成之直心誠實何思何慮思慮微起則支則離全体誠實自無放逸自不流自不陷於靜止自及物而無窮如天地之變化如四時之錯行施生之功無窮而非思非爲是謂元吉夫井之上爻及其物之功而乃元吉焉非大成烏能與此寒泉之食君子也元吉在上聖人也故九五止於吉上六元吉也

䷰離下兑上革巳日乃孚元亨利貞悔亡彖曰革水火相息二

女同居其志不相得曰革巳日乃孚革而信之文明以說大亨以正革而當其悔乃亡天地革而四時成湯武革命順乎天而應乎人革之時大矣哉

兌澤之水與離火相息滅革之象也離爲中女兌爲少女二女同居志不相得女謂嫁曰歸則二女同居其志終不相得亦革之象也天下之相革皆生於志之不同湯桀之志不同故革武王紂之志不同故革凡變革人情之所難革已乃信之盤庚之未遷人言聒聒已遷則人始信之矣文明則事咸宜而說則人咸和而心服下離明上兌說易象昭然大亨而不失正者有幾事變之

大徃徃不無差夫惟得易之道者動静一致雖大亨而常正變革難於無悔所革得當其悔乃亡天地變革故四時成湯武革命即天地之變革故順天應人彼不知道者當革之時駭於事變不然則遷於事情安知至大之道哉於變革之時不與天地相似則失所謂變革之道不得聖人大矣哉之旨也三才一体動静一体人情事變一体事變無窮即四時之變通匪異匪同是謂道心是謂大易之道是謂元亨利貞亦謂之神謂之道謂之大中

象曰澤中有火革君子以治厯明時

孫季和云澤中非有火之地今也有火之變也高岸爲谷爲陵物變有如此者季和之説深當其心澤中而有火其變也不知其幾年矣曆之差亦積累百年而後差志言黄帝迎日推策則已有曆矣而顓帝又有曆焉後又有夏曆商曆周曆魯曆漢興張蒼言顓帝曆此於六曆踈澗最爲微近遂用其曆以九百四十分爲日法以四百九十九爲朔餘武帝時以顓帝曆後天造大初曆以八十一分爲日法以四十三爲朔餘而後天有甚於顓帝曆後爲四分曆後亦差諸曆莫精於唐之大衍曆大衍以三千四十分爲日法以一千六百一十三爲朔

餘而厥後復有後天之失諸曆迭爲改造實為大衍曆之分其差如故蓋徒示更曆之狀而實用大衍之法自開元至熙寧三百五十年後天半日餘而諸曆未有能改者紹興統元曆雖以萬二百分爲日法以五千四百一十二爲朔餘其實亦爲大衍之分諸曆家雖知其當減朔餘而無法可減曩者清晨忽悟可減之法以百分折之其損其益無不如志天道不可窮盡可窮盡者非天道故曆當數以求合其中而天道終非法數之所能盡此天人之分而皆易之道也謂天人有二道亦非

初九鞏用黄牛之革象曰鞏用黄牛不可以有爲也

初位居下爻從乎上不當有所變革故曰鞏用黄牛之革黄中也牛順物也此革固不變之爻中道柔順鞏固堅守不變此居下之道斷不可易者故曰不可以有爲也人心好動使之動則易使之静則難不可爲云者所以成之止其放逸之意也初九中象而辭曰黄者明中道人皆有之也

六二巳日乃革之征吉无咎象曰巳日革之行有嘉也

六二臣道体柔静非首革者如堯以薦舜於天堯崩三年之喪畢舜猶避堯之子於南河之南及天下諸侯朝覲訟獄者不之堯之子而之舜舜不得已乃踐天子位

是謂巳日乃革之征吉無咎所行如此豈不可嘉尚

九三征凶貞厲革言三就有孚象曰革言三就又何之矣

此爻辭有宜安不宜動之象九與三俱陽有陽動之象

夫天下事惟迫而後動不得巳而後應豈可遽欲有所

往乎故凶雖以貞正行之亦危厲九三純陽有正實之

象三有三就之象可革之言三就於我民以孚信心服

何必更往此當安以待之

九四悔亡有孚改命吉象曰改命之吉信志也

君臣相信之深雖改命何害而人臣往往難之爻辭於

是釋之曰悔亡有孚而改命吉也勿謂惧其有悔而不

孜也言不至於悔也信者心相信也未至於心相信則不可也四五皆陽實有誠信相孚之象

九五大人虎變未占有孚象曰大人虎變其文炳也

大人之有所變革豈淺智之士所能識哉大人之心天地之心也行一不義殺一不辜而得天下不爲也使大人有一點利心焉安能致民心之信如此未占有孚信在事先此非權術而致之也大人之心天地也其心即道故曰道心由心而變無非道者其變如虎其文炳然虎之生文天也自爾也大人之變天也亦自爾也未嘗置一點己意於其間也其發如風雲其威如雷霆未至

於此未可謂大人也未可謂虎變也

上六君子豹變小人革面征凶居貞吉象曰君子豹變其文蔚也小人革面順以從君也

君子之變不逮乎大人故曰豹變小人革面面雖順從其中未必服也異乎未占有孚矣此不可強而有加也往而求加焉則強其所不及將有所傷反致凶矣唯當居貞而無失其吉其文蔚然亦由中而發非勉強之可成虎則其文炳豹則其文蔚皆由中發不可求諸外不可強而服各有分量不可強而通也上六体柔而非大中故有不逮聖人之象

䷱巽下離上鼎元吉亨彖曰鼎象也以木巽火亨飪也聖人亨以享上帝而大亨以養聖賢巽而耳目聰明柔進而上行得中而應乎剛是以元亨

鼎之卦有鉉有耳有腹有足儼然有鼎之象下巽木上離火亨飪甚明聖人亨於鼎以享上帝大亨以養聖賢享帝止曰亨而養聖賢曰大亨者上帝則一而群臣衆也斯養坦然而學者往往又外求其指謂此乃取象當復有象也意此大易之道所以至易至簡而人輒惑之者率類是也其曰鼎象者以卦象有儼然之形也繼曰以木巽火亨飪矣又曰亨以享帝又曰大亨以養聖賢

矣又何疑而疑其復有他指也若曰亨飪之事粗淺不足道疑非大易之道則是求道于事物之外索理於日用之外孔子何以曰一以貫之易大傳何以曰百姓日用而不知乾象何以曰品物流行孔子何以又曰庶物露生无非教也道在邇而求諸遠大易之妙不離目前而妄疑其有他腹耳足鉉自賾自妙不必於腹耳足鉉之外求象以木巽火自賾自妙不必於以木巽火之外索理亨以亨帝不可度思大亨養聖賢矧可射思不聞孔子之言哀樂乎哀樂豈不可見而孔子以爲明目而視不可得而見也哀樂豈不可聞而孔子以爲傾耳而

聽不可得而聞也易大傳又曰微顯闡幽豈謂顯者特微之而幽者特闡之故顯即微幽即闡顯微幽闡皆名也吾未覩其爲二也惟不知道而後求道於事物之外道與事物皆名吾未覩其爲二也名即實實即名孔子曰天下何思何慮思慮人以爲不可无者而孔子以爲无庸爲惟思慮動而後始昏始分裂始亂義也始不可告語矣學者斷不可索義於亨飪之外自巽而耳目聰明而下則爲義矣義即事物事物即義巽而不忤於物耳目聰不蔽於物六五柔上行而得位得中道而一无倚應乎剛而得剛之中是義必見於卦象之中无古之

道也亨之道也不巽則招禍不聰明惑於聲色亂於是非不得位則雖備德何由而亨中者道也坤文言曰黄中通理通理所以明中之義中本虚名特无所倚之名道心人所自有有所倚則失之有所倚則偏黨爲私爲過徒柔不足以亨應乎剛剛德爲助則亨矣体本柔雖應乎剛亦不可以大亨故曰元亨元者道之異名此所以元吉以道致吉言亨則吉在其中矣

象曰木上有火鼎君子以正位凝命

革物者莫若鼎木上有火鼎革物矣湯武革命天實命之命既在位不可得而辭天命君子正位則君子惡得

不正位惟天命不可恃順乎天則其命凝不順乎天則其命又將去之不可得而凝矣是故君子不敢有一念之忘乎天兢兢業業無敢放逸無敢置人欲於其間一惟天道故能凝命書曰宅天命又曰及天基命定命又曰祈天永命觀鼎亦有正位凝命之象

初六鼎顛趾利出否得妾以其子无咎象曰鼎顛趾未悖也利出否以從貴也

方鼎之初未亨飪也則顛趾而出否焉何害得妾猶顛趾也而以子焉從其貴也何咎天下之事其權有如此類可以通也初有鼎趾之象

九二鼎有實我仇有疾不我能即吉象曰鼎有實慎所之也我仇有疾終无尤也

九奇畫而在中鼎有實也鼎中有實難於遷動慎所之也已委質事君已任其事不可二也不可遷也我仇有疾不我能疾則吉仇非我之所欲也使彼即我而我遠之彼將尤我彼有疾而自不至則無尤也

九三鼎耳革其行塞雉膏不食方雨虧悔終吉象曰鼎耳革失其義也

三居下卦之上亦有耳象而不虛中以受鉉其義革矣革者失耳之義也失耳之義無他其行塞固而不通故

雖有雉膏之美不見食焉段干木踰垣而避之泄栁閉門而不納可謂不虚中而受鉉固塞而不通者三剛實而不虚不應乎上九有不食之象然賢者人之所慕終當有遇方雨言今未雨後當有際遇之理但有不足之悔爾故曰虧悔言三雖善而固塞有此未全然終於吉

九四鼎折足覆公餗其形渥凶象曰覆公餗信如何也

九雖陽壯四實陰柔居大臣之位是許國以大臣之事業也而實則不稱折足覆餗失許國之信矣孔子曰德薄而位尊知小而謀大力少而任重鮮不及矣易曰鼎折足覆公餗其形渥凶言不勝其任也九四下應初六

陰小之趾有折足覆餗之象其形渥僃言折趾之狀

六五鼎黃耳金鉉利貞象曰鼎黃耳中以爲實也

六五正當耳象而得中故曰黃耳黃中也黃中通理則中者道之異名也夫天下惟有此道而已矣得此道則無所不通無所不利失此道則無所能通無所能利六五得中矣何患不能舉鼎哉故又曰金鉉金鉉則力足以舉之不必以九二爲鉉象辭未嘗及九二也得道者雖無所不通而無所不通者其間或至失正則犹非道之全故曰利貞貞正也曰中正于以驗得道之全然中正非二道人心卽道道無我中虛無所倚無所倚故亦

中之名自然出於正故有貞之名故彖止言中以爲實不復言正于以明中正之非二也夫天下至實而不可易者中而已矣中乃虛名亦無体狀或謂之正或謂之道或謂之易或謂之神或謂之天一也舉三才萬物萬事萬理皆此而已矣安得而易之其實爲至一也

上九鼎玉鉉大吉无不利象曰玉鉉在上剛柔節也

上九正當鉉象王者温潤之物玉鉉則剛柔節而和九爲剛上爻當六爲柔夫天下事偏剛不可偏柔亦不可剛柔和則中中則事無不舉矣故大吉無不利此彖與六五同此爻則因玉鉉而發彖夫道一而已矣六十四

卦皆此道三百八十四爻皆此道何獨六五哉

䷲ 震下震上 震亨震來虩虩笑言啞啞震驚百里不喪匕鬯彖曰震亨震來虩虩恐致福也笑言啞啞後有則也震驚百里驚遠而懼邇也出可以守宗廟社稷以為祭主也

震有動彖亦有恐懼彖他卦之有震者曰動惟此重震之卦言震懼亦猶離於他卦言明於本卦言麗易書固欲備衆彖曰動曰恐懼皆震也皆易之道也方震懼之時非亨也而有亨之道焉慢易則放肆震懼則收斂故曰震來虩虩恐之狀也放肆致禍恐懼致福笑言啞啞後來致福有準則之可驗也堯舜之言多咨憂禹曰[illegible]

舜益曰儆戒皐陶曰兢兢卒之堯有乃神武之德舜四罪而天下咸服禹會諸侯執玉帛者萬國道德之威又何止於震驚百里而已百里姑因震雷之象明主器長子之道故止言百里至於出可以守宗廟社稷以爲祭主不喪匕鬯則其体又大矣体有大小聽威則一或者以猛厲爲威是襲亡秦之故轍安能不喪匕鬯匕以登鼎實鬯以通神明祭之始禮也長子主鼎器故言匕爲宜

象曰洊雷震君子以恐懼修省

卦辭已言恐懼之道此復言之者人心多忽易能恐惧

脩省者寡故諄諄誨之也然學惟知恐懼脩省學者之事爾易道精微廣大往往不於是乎在持是見者不惟不知易道亦不識恐懼脩省何以明之天下無二道悟恐懼脩省即何思何慮之妙則無所不通矣

初九震來虩虩後笑言啞啞吉象曰震來虩虩恐致福也笑言啞啞後有則也

卦辭已詳言之矣此復用其辭何也人之知所懼者幾何人哉雖堯舜之聖而後咨憂禹皐陶益言於唐虞之時而猶曰克艱曰兢兢曰儆戒然則惟聖智而後知所懼者誠鮮其人矣孔子曰人皆曰予知驅而納諸罟擭

陷穽之中而莫之知辟也然則知所懼者誠鮮其人矣此聖人所以復用卦辭於此爻覬人之少省也況筮者於爻辭啓告爲切

六二震來厲億喪貝躋於九陵勿逐七日得象曰震來厲乘剛也

六二來則過初九之剛億而安焉則亦以乘初九之剛而不可安處故億喪貝徃而躋于九陵九陵六五之象也雖今未應不可爲得至於歷六爻七日一卦變則時當得矣勿用逐也避難曲折有如此者昔大王既不可禦狄不可安處去而邑于岐山之下而他日興周焉此

象也

六三震蘇蘇震行无眚象曰震蘇蘇位不當也

震蘇蘇恐懼失則精神潰喪之狀聖賢未嘗不恐懼而亦未嘗蘇蘇蘇蘇之懼非道也三居下卦之上位亦高矣而蘇蘇然處此位者不當爾也孔子曰古之有天下者必聖人則公侯當大賢大夫士當次賢居三公之位者必賢不當有此蘇蘇也故曰位不當也若震恐而行不居此位則無眚

九四震遂泥象曰震遂泥未光也

震恐而遂至於沉泥雖稍異於蘇蘇而不得其道則均

九四頻剛強而四陰柔似剛而終於懾懦陷於二陰之中遂有泥象震之遂泥者不可謂光若孔子臨事而懼如日月之光雖有照用而無所思爲心不動此惟道心内明者自覺自信光之一言所以明道也

六五震往來厲億无喪有事象曰震往來厲危行也其事在中大无喪也

二五之乘剛同而二不可億五則宜億者直君位得中又六與五剛柔全德無乘剛之畏故異乎六二故六五有億安之象因億安之象明中道之義不明避難之義夫人心未始不中惟因物有遷意有所倚有所倚則不

可謂中意在於此則倚於此意在於彼則倚於彼意在於此則來意在於彼則往意慮紛紛若此故昏亂故偏黨而人之道心始失而事大喪矣故此以往來爲危厲但安焉則吾心自無所倚自無喪有事象曰震往來厲危行也行則危矣微動則意有所倚而失中矣六五之事自在乎中但勿他求勿動意堯安安禹安止豈有在乎中道之中而尚有所喪也哉曰大無喪斷斷之辭也舉天地之間皆此亨也天下無二也此惟能安者自信自知其憧憧往來者雖提耳而誨之如水投石

上六震索索視矍矍征凶震不于其躬于其鄰无咎婚媾

有言象曰震索索中未得也雖凶无咎畏鄰戒也

索索矍矍驚懼之甚懼而至於驚則亂矣如此而往安得不凶然上六之懼因鄰而懼不以躬而懼九四迫於六五故有于鄰之象未至於上六故有不於其躬之象畏鄰而戒則爲無咎若難及躬而始懼又驚喪失道則凶之道也上六雖以畏鄰戒而無咎而索索者必未得中道矣違道者必有所失六三婚媾也而不應而有言此亦見上六失道

楊氏易傳卷之十七

宋寶謨閣學士慈谿楊簡敬仲　著

明　後　學廬陵劉日升

豫章陳道亨　　校

漳浦林汝詔

豫章饒　伸　仝校

䷳ 艮下艮上 艮其背不獲其身行其庭不見其人无咎彖曰艮止也時止則止時行則行動静不失其時其道光明艮其止止其所也上下敵應不相與也是以不獲其身行其庭不見其人无咎也

善止者行善行者止知止而不行者實不知止知行而不知止者實不知行知行止之非二而未能一一皆當其時猶未爲光明如四時之錯行如日月之代明而後爲光明而後爲得易之道人精神盡在乎面不在乎背盡在乎前不在乎後凡此皆動乎意逐乎物失吾本有寂然不動之性故聖人教之曰艮其背使其面之所向耳目鼻口手足之所爲一如其背則得其道矣雖則應用交錯擾擾萬緒未始不寂然矣視聽言動心思曲折如天地之變化矣惟此爲艮惟此爲止其所苟艮其面雖止猶動知其動而强止之終不止也惟艮其背則而

如背前如後動如靜寂然無我不獲其身雖行其庭與人交際實不見其人蓋吾本有寂然不動之性自是無思無爲如水鑑如日月光明四達靡所不照目雖視而不流於色也耳雖聽而不流於聲也作用如此雖謂之不獲其身不見其人可也水鑑之中萬象畢見而實無也萬變畢見而實虛也止得其所者無所也無止也非所有而無之也非本不止而強止之也本無止本無所今曰止其所者姑爲之言也孔子曰言不盡意謂此類也使有我則有所矣不獲其身雖形體猶不獲也非實有形體而強不獲也形體自非有無之所不可言也夫

天下何一物之不妙也豈獨無形者爲道而有形者非道豈獨無形者爲妙而有形者不妙邪未始不一人自不一故不獲其身行其庭不見其人庭者堂之前兩階之間正人物交際之地而曰行其庭不見其人非果無人也人不可以有無論本無所見也見則意動而遷矣非止也天地之變化豈有所動哉日月之靡所不照豈有所見哉三才一也動靜一也有無一也故孔子曰哀樂相生是故明目而視之不可得而見也傾耳而聽之不可得而聞也又曰二三子以我爲隱乎吾無隱乎爾吾無行而不與二三子者是丘也孔子之言止於此而

不復詳其所以然者正以非有無動静思爲之可言而無所容其言也子擊磬於衛所警告於人者也昭昭明明而不可復言也凡孔子之所已言者則又曰予欲無言則言非孔子之所欲也以爲言非夫子之所欲而又曰繫辭焉以盡其言則言又可盡又非所不欲然則道豈有無動静可否之所可論哉道豈有無動静可否之所不可論哉光明者言有亦可言無亦可言動静亦可言可否亦可不光明者言有不可言無不可言動静不可言可否不可曰上下敵應不相與者以是卦上下皆敵初與四皆陰二與五皆陰三與上皆陽非相與之象

也既曰敵矣何以言應非謂截然不與物應也雖應而不動也猶未嘗相與也如水鑑中之萬象交錯紛然而水鑑未嘗有交錯紛然也如此則無咎苟惟不然則意起而私物我裂而怨咎交作矣此道昭然必取上下敵應不相與之象者昏蔽者多必疑必駭故必指象以爲証也

象曰兼山艮君子以思不出其位

抱關自有抱關之位君子所思不出抱關乘田自有乘田之位君子所思不出乘田大舜耕於歷山則安乎歷山及其爲天子被袗衣鼓琴若固有之則又安于南面

子思曰素富貴行乎富貴素貧賤行乎貧賤素夷狄行乎夷狄素患難行乎患難以至於我自有我之位彼自有彼之位今有人犯之則忿然怒曰彼何得而犯我是思出其位也彼自出而犯我我安可復出位而怒之已有善有能彼不我知自彼之失職我何與焉而悶悶自不安其位焉得之有是位也大矣天地範圍其中萬物發育其中無畔無際當清常明思輒失之非果無思也慈愛恭敬應酬交錯變化云爲如四時寒暑未嘗不寂然苟微起思焉卽爲出位卽失艮之道矣艮之道卽易之道卦於此及以示人耳

初六艮其趾无咎利永貞象曰艮其趾未失正也

艮諸爻取身爲象以人情所以好動而不能静止者由有巳也初六最下爲趾欲行也而居位下未可行也初六能止之故無咎行則失正矣今止之則未至於失正也然人心易放止不行雖爲貞正未必能久也故利永貞

六二艮其腓不拯其隨其心不快象曰不拯其隨未退聽也

腓隨上而動者也上止而不見拯不得不隨而動故心不快象曰未退聽者言其心未之休止未肯退聽也誠

能退休而遂止一聽天命之如何則其行天也其止亦天也皆天而不以人爲參焉則不失其本有之天性矣

九三艮其限裂其夤厲薰心象曰艮其限危薰心也

三居下體之上上下之限也身雖有上下之限而氣血未嘗不通和今九三失中截然固塞艮止不復通和如裂其夤夤膂也不可裂也裂則爲厲薰其心矣言其心之病也象又曰危薰心者再言其心之病當反求諸心不可求諸外也此爻乃固塞不通執艮止之迹失艮止之道道也者通也無不通也孔子曰上下用情禮之至也今九三艮其上下之限而不用其情不可行也

六四艮其身无咎象曰艮其身止諸躬也

千慮萬緒皆起於身能止其身如絲而理其總如火而沃其薪截然寂然本無可言本無所始身氣血爾氣血何所思氣血之中亦何所有聖人於是不言心而言身於以見心乃虛名本無所有苟言心則人以心爲實有立我立私禍本益固故聖人於此不言心於咸之四亦不言心象曰止諸躬也亦初無義理可言申言之而已正而已無可復言者聖人之教人何其直而無隱何其直而無盡

六五艮其輔言有序悔亡象曰艮其輔以中正也

五當身之上有輔頰之象艮其輔謹其言則言有序不妄發矣用艮於輔不能不動於意念則不能無悔謀諸心則悔亦亡矣不復放逸於外矣然輔頰亦未易於艮止亦以其中正也故能止之不然則如制驛馬如遏決川安得而止之

上九敦艮吉象曰敦艮之吉以厚終也

敦有厚義又有不動義書曰惟民生厚其因本厚而不動之則其厚固自若也人之德性固未始或動也中庸曰大德敦化言不動而自化也復曰敦復不動而自復也臨曰敦臨雖臨乎人而不動也是其不動非彊爲是

不動也人之德性自不動也德性亦曰道心道心即意念不動之心曰以厚終也者人性本厚因物有遷令不遷動則不失其厚如初矣厚者不薄之稱爾非有實狀也

䷴艮下巽上漸女歸吉利貞彖曰漸之進也女歸吉也進得位往有功也進以正可以正邦也其位剛得中也止而巽動不窮也

漸之所以名卦者山上有木也下艮山上巽木木在山下則其長也速木在山上則其長也漸而彖不及之者於漸進之義非所切也故徑以漸進之義釋女歸之象

納采問名納徵請期親迎而後女至以禮而進也天下之事皆然其進也貴乎漸士進而事君不以漸則躁則近利則不正如女之歸則吉進得位而後可以有功此位剛得中之位也君體剛而又中天下而立而後可以大有爲可以有功若夫人臣雖進皆不足以言位人臣之位皆君之所命人臣之功亦君之所用使君不用之臣何能爲故臣之功皆君之功也臣無功臣之位皆君之位也臣無位故此慮斯義之未白繼曰其位剛得中也明乎非人臣之位也人臣而必欲成功業於天下者皆妄也不明斯義則懷必欲致功業之意於胷中終妄

作而已矣舜禹之進也以正故可以正邦彼莽操亦有繼迹往古之意豈有暴取而可以正邦者乎人心不可以彊而服也行一不義殺一不辜而得天下湯武不爲也故邦可正也唐太宗假竊義兵之名以欺天下後世而奸利之穢不可掩也雖力假仁義以朽糞𢦏人心終不可彊之使化也故太宗頗有治迹而無治化此所謂正邦者人心正也非徒飾其迹而已也止而巽動不窮者復發明乎漸進之道止者寂然不動也巽隨時順理不汲汲然也止非彊止未始不止道心無體本無可動變化進退巽動無窮雖動猶不動也不動者其動無窮

以斯而進所以能漸歟以斯道而進所以能正歟

象曰山上有水漸君子以居賢德善俗

山上有木其長以漸於彖巳言之風俗不可以遽而善也其化也有漸俗不自化視上之德君子久居賢德則俗斯漸化而善矣不曰聖德者聖德之所化爲速孔子爲三月而俗巳化故止曰賢德然商之頑民周公亦不能遽化天下固自有習固難化者又不可一槩論也

初六鴻漸於干小子厲有言无咎象曰小子之厲義无咎

進欲其知時故鴻爲象進欲其漸故以於磐陸木陵爲

象有道則漸進無道則急於進漸鴻於干君子之漸進也彼小子不知君子之心惡其遲遲以爲不亟從也厲而有言然君子之心初無他與論之所服也何咎故曰小子之厲義無咎也言六四雖居上實小子也不知君子之心四與初二陰無相應之象故有厲有言之象干水涯也

六二鴻漸於磐飲食衎衎吉象曰飲食衎衎不素飽也

六二稍進於初矣故漸於磐然位猶在下六二無求進之意飲食衎衎和樂安暇若將終身焉故吉人情大抵好進惟有道者不然飲食衎衎疑於不事事而素飽故

象釋人之疑曰不素飽也

九三鴻漸於陸夫征不復婦孕不育凶利禦寇象曰夫征不復離羣醜也婦孕不育失其道也利用禦寇順相保也

爾雅高平曰陸又進於磐矣夫征不復上九不應離羣醜也上與三乃其醜類婦孕不育九三失其所以爲婦也三不中有失道之象故凶利禦寇非其正也非正者足以害我故曰寇利於禦之慮二之失道或親於寇而不能禦也故教之能禦寇則我不失於正順則夫婦可以相保矣

六四鴻漸於木或得其桷无咎象曰或得其桷順以巽也

木則又進於陸矣木非鴻之所居或得其桷則安則無咎木有橫向者爲桷象似安平可居其所以得桷者順巽故也順巽則不貪進不忤物一無巳私惟有道則然六與四俱柔又入巽卦有順巽之象榱亦曰桷古以大者爲檻爲棟以桷爲榱故榱亦名桷

九五鴻漸於陵婦三歲不孕終莫之勝吉象曰終莫之勝吉得所願也

爾雅高平曰陸大陸曰阜大阜曰陵大則愈高矣故阜高陵又高於阜以序而觀則陵高於木夫婦六三之象六二之進也漸又九三阻之故有不孕之象然六二之

不孕異乎九三之不育九三不中六二中正終不與不正合故九三終莫之勝二五正應邪不可以干正中正者卒得所願天地鬼神之所共與人心之所同歸也安得不吉

上九鴻漸於陸其羽可用爲儀吉象曰其羽可用爲儀吉不可亂也

上九又在九五之上若不可言陸而曰陸者上九之應在三三爲六上居巽體之上故降而從陸歟退巽如此故其羽可以爲人之儀則其曰不可亂者人心爲進退得失所亂則貪進不克退巽能退者必其心不爲進退

得失所亂者近世安定胡公以陸爲逵晦菴謂是卦諸爻皆協韻於協韻則宜但重於改舊而不改義亦通未敢遽從姑存是說未敢遽從姑存是説者易之道也苟以爲易之道未必在是者是人爲事所亂

☱☳兑下震上歸妹征凶無攸利彖曰歸妹天地之大義也天地不交而萬物不興歸妹人之終始也說以動所歸妹也征凶位不當也无攸利柔乘剛也

兑以少女居内震以長男居外有歸妹之象焉歸妹天地之大義也人知是義者有幾知是義而信是義者又有幾吁人皆有夜光明月之珠而不自知不自知者泥

塗砂礫蒙之也不自知者雖明告之曰汝自有此珠也必掉頭斷斷乎直不信往往繼之以嗔也而自知自信者少大哉聖言曰天地不交而萬物不興歸妹之義何愧于天地而歆然自以爲不足當也意動而昏之則亂亂則放僻邪蕩靡不爲矣宜其斷斷直不信此非告語之所及也亦非果有甚高甚難之實也人心即道故曰道心道心無體動者爲誰至神至明我所自有變化云爲何動何靜不可度思矧可射思天地此得以範圍之萬物此得以發育之其爲歸妹爲天地之大義也何疑歸妹人之終始嗣續之義也所以明人道之大也說以

動所歸妹也以少女而說之衆人之情也非正大之情也而亦未至爲邪也征凶者柔宜居陰上下二卦皆然二四偶而以九居之三五奇而以六居之位皆不當故征則凶無攸利者柔乘剛也震二柔乘一剛兑一柔乘二剛不順也何以能利歸妹之義大而卦象則凶不可執一論也

象曰澤上有雷歸妹君子以永終知敝

澤上有雷陰陽之際也永終知敝有偕老之義無垂落色衰而復相棄背之敝也道有淺深義有邪正皆易之變也

初九歸妹以娣跛能履征吉象曰歸妹以娣以恒也跛能履吉相承也

初九位在下有妹之象娣則不可專行跛能履者難於行之象知此而往則得娣之道故吉征往也以恒者恒久也當以久於娣爲心當有終其身爲娣之心不可有他念也跛能履征吉以其相承而不敢專故也是皆易之正道也大抵由道而行則無利心由利心而行則必失乎道謀利者多害不謀利者多利

九二眇能視利幽人之貞象曰利幽人之貞未變常也

闚觀利女貞則眇能視爲歸妹之貞婦人所知不出房

閫正也是正惟幽人有之心未始不正意動而亂故失之意不動則靜靜則幽幽則貞或者往往以所視不廣爲非聖人於是正之曰未爲變失常道也斯乃婦人之常也

六三歸妹以須反歸以娣象曰歸妹以須未當也

歸妹以須不見應於上六也須待而終不獲反歸以娣不蒙以敵見禮而退處於娣以六三有當於理者故也

六三不中惟中有得理之象坤文言曰黄中道理

九四歸妹愆期遲歸有時象曰愆期之志有待而行也

三與上兩陰不應四與初兩陽不應三與四皆有不應

之象三在内卦故爲巳歸妹而須四在外卦故爲未歸而愆期愆期失時也雖遲其歸終有其時九四所以愆期不爲苟就有所待而行也

六五帝乙歸妹其君之袂不如其娣之袂良月幾望吉象曰帝乙歸妹不如其娣之袂良也其位在中以貴行也

君女君也儀禮亦云女君之袂何以不如其娣之袂良帝女不嫁其體貴也又其位在中爲嫡爲女君其體又尊也尊與貴非執婦道者之所宜也故以不如其娣之袂取象以明謙恭之義當如月之幾望無敢盈滿則吉

上六女承筐无實士刲羊无血无攸利象曰上六无實承

虛筐也

歸妹所以承祭祀而上六居外居上故不言婦承筐無實徒有承祭之名而無承祭之實士刲羊無血不能制狠壯之妻也羊有狠壯之象不能制婦不成爲夫故不言夫上與三不應夫婦不協順之象三兌卦爲羊

䷶離下震上豐亨王假之勿憂宜日中彖曰豐大也明以動故豐王假之尚大也勿憂宜日中宜照天下也日中則昃月盈則食天地盈虛與時消息而況於人乎況於鬼神乎

觀卦之象雷電皆至豐之象也離明震動以明而動故豐故亨以昏而動則反是矣王假之假大孔子曰古之

治天下者必聖人上則天下則地中則大人之聖王者居王王者代天理物日月所照霜露所隆皆王者之所統伊尹思天下之民匹夫匹婦有不與被堯舜之澤者如已推而内之溝中周官職方氏盡掌天下極於四夷八蠻七閩九貉五戎六狄之人民與其才用九穀六畜之數要周知其利害王者之職乃如此其大也是故王者惟恐其不大故象曰尚大也勿憂其智力不足以給宜如日之中天日無思無爲自無所不照王者德性未始不光明帝堯光宅天下文王光於四方皆無爲而光照天下治無不舉此日中無所不照之旨也然而自夏后

氏以來繼世之君豈能皆聖又豈能皆賢故孔子於此致盈盛之戒恐繼世之君恃廣大之勢多滿盈之患故孔子復發滿盈之義而致戒曰日中則昃月盈則食自天地不能常盈常盛而況於人乎況於鬼神乎便知其不能長有而懼之也然豈無保豐持久之道使繼世之王皆不失道皆不昏而能照則歷年何止於八百雖至今可也此天地之造化所以至於今不已也假大詳釋見家人九五

象曰雷電皆至豐君子以折獄致刑

雷自下而作于下電自上而照于下其用皆至其在治

道則爲折獄致刑明以折獄威以致刑君子之于刑獄所不忍也方民困窮未敢致刑也禮樂教化未孚未敢致刑也不得已而刑之猶不敢盡令也世道豐亨家給人足禮行政成教孚化至而猶有故犯君子不得已致之刑不得而宥也

初九遇其配主雖旬无咎往有尚象曰雖旬无咎過旬災也

他卦兩陰不應兩陽不應此卦初與四皆九兩陽而曰遇其配主者何也不期而會四遇不出於所期兩剛相遇合者彼此皆陽明故也陽明配合雖旬無咎往有嘉

尚然初居下而體剛非居下之常道可旬而不可久十日爲旬象曰過旬災也人若不自覺他日禍忽至謂自外至故曰災四以初爲夷主初以四爲配主皆陽明也以四在上故曰配

六二豐其蔀日中見斗往得疑疾有孚發若吉象曰有孚發若信以發志也

蔀草也馬云蔀小也蔀雖豐亦小矣六二之所以爲豐者如斯而已矣人臣言業之小大一視夫君之所以用之者如何日中而見斗則日失其明陰闇之極故見斗也斗在北北亦幽陰之方六五之君不明如此則六二

之功業安得豐大六二雖往必得疑疾言見疑於其君也二五兩陰無相應之象使六二有忠信以啓發其君心則吉

九三豐其沛日中見沬折其右肱无咎象曰豐其沛不可大事也折其右肱終不可用也

草生水曰沛水生之草尤其不茂人臣事業一視夫人君之如何君明則臣始得展盡所藴君不明則人臣安得致功業之大故六二之事業已小而九三所事乃上六極闇之君則九三之所謂豐者如沛而已其小有甚於蔀象曰不可大事也沬子夏謂星之小者日中而見

小星則日之失其光明爲甚上六之陰闇爲甚則九三安得而大有所事不止於往得疑疾而已遂至於折其右肱肱左不如右力以明其終不可用不用則無咎用則有咎

九四豐其蔀日中見斗遇其夷主吉象曰豐其蔀位不當也日中見斗幽不明也遇其夷主吉行也

九四處大臣之位其事豈可如蔀而已殊爲不常也以六五之君陰幽不明故也若遇其同德之主則往而從之爲吉也行往也應在初九九陽明夷平也皆陽明故曰夷主

六五來章有慶譽吉象曰六五之吉有慶也

自二與四覲六五則有陰闇之象然聖人作易取象不一於六五爻又發其中正之義能招來賢俊而用之則民被其澤爲有慶民感其德爲有譽吉可知也章賢俊之稱也象曰六五之吉有慶也民被其澤則爲吉民不被其澤則雖善不爲吉也

上六豐其屋蔀其家闚其戶闃其无人三歲不覿凶象曰豐其屋天際翔也闚其戶闃其无人自藏也

豐其屋自高大也如鳥之翔於天際然蔀其家自蔽蔽其家使其人不得至也闚其戶閴其無人雖三歲之久

亦不得而見明其自藏之深固也爲人上不能謙虚禮
賢自大自足至於此其禍可勝言哉

楊氏易傳卷之十八

宋寶謨閣學士慈谿楊簡敬仲　著

明　後　學廬陵劉日升

豫章陳道亨　校

漳浦林汝詔

豫章饒　伸　仝校

☶☲ 艮下離上 旅小亨旅貞吉彖曰旅小亨柔得中乎外而順乎剛止而麗乎明是以小亨旅貞吉也旅之時義大矣哉

山上之火行而不止旅之象也觀卦之象足以小亨六五柔得中乎外外卦也外有旅之象焉旅體不剛惟順

乎剛得中則不失乎道止則止而不動禹曰安汝止艮曰艮止也人之道心未始不止也所麗者明哲則得所依矣體本柔是以小亨旅處乎外窮而不得志成者往往多失正惟其得道者不失正夫人情之所以多失正者以困窮進之苟於趨利也不肯遵道者以爲非利之所在也而今貞吉明由正者吉失正者不吉然則小人爲不正也何益哉苟於目前不知禍隨其後也今由正而行者得中順乎剛止而麗乎明自足以亨自足以致吉然則貞正者何患乎不獲吉人情於旅多窮悴無聊安知旅之時義有大矣哉之妙前所謂得中者即大矣

哉之妙也所謂正者即大矣哉之妙也所旅於外順乎剛麗乎明皆大矣哉人於旅微動於意則有所倚有所遷失其大矣人心即道故曰道心道心無體孰動孰靜孰行孰止變化云爲如四時之錯行如水鑑中之萬象猶恐大矣哉未足以盡斯義孔子曰言不盡意而或者忽畧斯卦以爲小末是惡足與言易之道哉

象曰山上有火旅君子以明慎用刑而不留獄

山上有火明無不照又火行山上不留止君子之明慎於用刑如火之無不照而不留獄如火行之不留止亦憫旅者困窮犯法而念之凡此皆易之道也易之道顯

於上離下艮之六畫而行於君子之明慎而不留獄此不可止以此擬言之心通内明者知其無所不該無倸乎貫通六十四卦之象聖人姑以導昏者而漸通之不昏者知六十四卦一象也三百八十四爻一事也明者自信昏者自不信

初六旅瑣瑣斯其所取災象曰旅瑣瑣志窮災也

初六陰柔狹小有瑣瑣之象斯其所以取災歟志窮故也坎惟心亨困而不失其所亨隨物而遷自昏自失不昏者本不失

六二旅即次懷其資得童僕貞象曰得童貞終无尤也

六二得中得旅之道者故即次而安懷資而利又得童僕之貞忠得童僕之心則無所不得矣故曰終無尤也

九三旅焚其次喪其童僕貞厲象曰旅焚其次亦以傷矣以旅與下其義喪也

九三不中用剛而過自居位得勢者尚不可以免禍而況於旅乎宜其焚次矣在旅而以此與下必喪童僕之貞危厲之道也

九四旅于處得其資斧我心不快象曰旅于處未得位也得其資斧心未快也

以陽居陽以陰居陰則安故六二則安爲即次以九居

四則不安爲旅於處爲未得其位旅之道非止於柔弱而已亦有剛斷之道焉九四剛有斧象居弱離明非昏妄者故曰得其資斧然非中非得道者故未能安有不快之心焉

六五射雉一矢亡終以譽命象曰終以譽命上逮也

六五中正文明之士欲以致文明之業離爲雉文明之象也射之而亡其矢無應之者道不行也六二不應故有此象然六五文明之德終不可掩沒人皆服之譽之故雖非所求自有命之者象曰上逮也以上九相比陰陽有相親之象

上九鳥焚其巢旅人先笑後號咷喪牛於易凶象曰以旅在上其義焚也喪牛於易終莫之聞也

上九與九三略相似而上九爲甚焉以剛居上而離火性上炎剛躁爲甚鳥焚其巢旅而以此居上焚巢之道也鳥高翔有自高亢之象其未焚也愚不知其禍至故笑及其焚則號咷矣蓋不知柔順之足以致福免禍而忽畧輕易無故喪之故凶牛有柔順之象其曰終莫之聞也者昏愚雖被禍尤不悟其所以致此之由雖終其身不悟也

☴☴ 巽下巽上 巽小亨利有攸往利見大人彖曰重巽以申命剛

巽乎中正而志行柔皆順乎剛是以小亨利有攸往利見大人

巽小者之道也申命之道也剛爲大柔爲小君爲大臣爲小上爲大下爲小上命之下行之是爲申命申命者巽順而行之天下之事徒柔不足以立必有剛焉二五皆剛有剛之象皆巽體皆中正剛巽中正備此衆德非得道不能又重巽卦柔皆順乎剛又道之所當然也是以小亨利有攸往利見大人小者固當依乎大往而依乎大人小者當從乎大不往則失小者之義然其往也必中正所見必大人如不中正則爲邪矣不見大人則

見小人矣非巽之道也

象曰隨風巽君子以申命行事

風相隨而至卽君子之申命行事人臣知申命行事而已未必知其爲易之道也故大傳曰百姓日用而不知

初六進退利武人之貞象曰進退志疑也利武人之貞志治也

巽爲進退況初爻尤有進退未定不決之象利武人之貞教之決也貞正也決而不失正易之道也乾九四以疑而無咎此則以疑而不治當疑而不疑非道也不必疑而疑疑之過亦非道也

九二巽在牀下用史巫紛若吉无咎象曰紛若之吉得中也

九二巽體而又居下卦又二爲柔有巽在牀下之象過於巽也史巫以言通誠於神紛若之多巽順之甚發諸言辭其多若此疑其大過不能致吉而此吉無咎者於其過巽而出於中誠不致於大過也天下事皆不可執一論過雖非中就過亦有得中者九二之謂也是謂變易之道

九三頻巽吝象曰頻巽之吝志窮也

以九居三剛而過中質非巽者巽不出於本心勉彊而

行之故曰頻巽頻巽則知頻失之矣故吝吝不足也夫其實不能巽至於不得已而後巽頻失頻巽其志亦已窮矣夫豈知本有之性清明無體何者爲我無我無意自知自巽何窮之有

六四悔亾田獲三品象曰田獲三品有功也

以六居四柔順之至況又巽體教之田焉春蒐夏苗秋獮冬狩先王以習武備有剛德之象於以濟六四之所不足也曰悔亾尤慮其有悔也第往而田可以獲三品一曰乾豆二曰賓客及充庖三曰班其徒御夫人性未始不大中或動於意而過剛或動於意而過柔約其過

彊其所不及去其害性者庶乎復其本中矣曰悔亾所以啓諭之於先曰有功所以誘掖之於後卽堯之所以輔之翼之之意

九五貞吉悔亾无不利无初有終先庚三日後庚三日吉

象曰九五之吉位正中也

九五正得中正之道不偏於剛亦不偏於柔爲貞正必吉悔亦亡無不利者凡此屢言皆所以釋人之疑定其中正之道也人情喜於柔巽不樂於剛德故曰無初然中正之道終必獲吉然亦不可不謹戒庚剛道也先三日而圖其始後三日以圖其終謹之戒之則吉象曰九

五之吉位正中也明夫九五之道允爲正中蓋其居尊位不可過於柔巽過於柔巽則失柄故曰位正中也洪範曰惟辟作福惟辟作威非爲暴也自道心而發無作好作惡無偏無倚自不可巽懦無制也

上九巽在牀下喪其資斧貞凶象曰巽在牀下上窮也喪其資斧正乎凶也

上九居巽卦之吉爲巽之過故亦曰巽在牀下喪其資則失利喪其斧則無斷制雖其事出於正亦凶象曰上窮也言巽之過也既喪其資斧矣可以爲正乎凶也未有由正而行而失利而無斷制者也失利無斷足以見

其失正之驗

☱☱兌下兌上兌亨利貞彖曰兌說也剛中而柔外說以利貞是以順乎天而應乎人說以先民民忘其勞說以犯難民忘其死說之大民勸矣哉

兌說也得人歡心豈不亨通然利於貞以不正說人者有失壞人心於無窮大致禍於後日剛中柔外其說之道乎剛之爲德不可以利動也不可以害動也大中至正不可移奪是爲剛也其中則剛外則柔以此得人之歡心必不失乎貞正得人之歡心而不失其正者順乎天道應乎人心何則三才一道故也如此說以先民則

民咸從之咸忘其勞説以犯難則民咸死之咸忘其身説之大至於民咸勸於善豈不大哉此説非有術以使之也非違道以干之也由正而行而正者人心之所同有故上之人倡之而下之人自翕然應之幾於神矣故曰敬一人而千萬人説所敬寡而説者衆得其道故也故曰道也者通也無不通也故又不止於民説之又死之不止於死之又勸於善感民之所同有者故無所不通也

象曰麗澤兑君子以朋友講習

澤之相附麗即朋友之相親麗而講習自古朋友之講

習者多矣皆易之兌卦也而知之者有幾知其說者未足以爲知也心通内明自知自信而後爲知知之者何獨知朋友講習之即麗澤也即六十四卦即三百八十四爻即天地萬物即日月四時麗澤非彼朋友非此不可度思矧可射思

初九和兌吉象曰和兌之吉行未疑也

兌之初莫之適從也泛然和說而已故吉象曰行未疑者所行未有可疑之迹也

九二孚兌吉悔亡象曰孚兌之吉信志也

二五本爲正應而兩陽無相應之象然陽實有誠信之

義故有相孚之象惟相孚而和說則吉悔亡志不相孚
斷無和說之理故象曰信志也言心相信

六三來兑凶象曰來兑之凶位不當也

六三之正應在上六今不從其正而從其不正來比於二是說於不正也六三之位亦稍高矣惟賢者宜在高位而說於不正不當爾也上六初二不必以人言惟以正不正言陰陽相應爾陰不相應也

九四商兑未寧介疾有喜象曰九四之喜有慶也

九剛四柔若有立者而不固其正應在初而未應近比六三諛佞之小人心知其非而實樂其柔媚故商度所

說去取交戰於胷中而未寧聖人於是勉之曰介然疾惡小人則有喜象曰有慶者言九四居大臣之位國之治亂係焉能不近小人則澤及民矣

九五孚於剝有厲象曰孚於剝位正當也

九五本與九二正應今乃不應九二而親信上六柔媚不正之小人又置之高位故曰孚於剝剝之爲卦小人剝君子又剝喪其國家故謂小人爲剝信小人危厲之道也象曰位正當也者聖人推原所以孚於剝之由由乎以位爲已之位正當其位以位爲樂故人欲熾而邪媚得志也此如水有源則必有流如木有根則必有枝

葉實以巳處富貴崇高之位未有不親信小人致危亂也黄屋非堯心舜視天下如敝屣禹有天下而不與故君子道用小人退遠

上六引兑象曰上六引兑未光也

上六超然一卦之外不應於三有高尚之象宜不爲富貴利達所動然非中無得道之象近比乎九五陰陽有相親之象則亦有引之説之之象引之斯説未爲光明也子夏出見紛華盛麗而説孔子戒之以毋爲小人儒知其未光明也及孔子没乃以有若似聖人欲以所事孔子事之強曾子曾子不可曾子光明子夏不光明也

又使西河之民疑子夏於夫子曾子數其罪爲第一光明者固如此乎

䷺坎下巽上渙亨王假有廟利涉大川利貞彖曰渙亨剛來而不窮柔得位乎外而上同王假有廟王乃在中也利涉大川乘木有功也

渙散也離也其象則風行水上其卦變則本以九四之剛來爲九二而成坎故曰剛來六二之柔往爲六四而成巽故曰柔得位乎外一剛一柔皆有亨之象剛來得中故不陷於坎險故曰不窮不窮者亨之道窮則非道矣柔得位順承九五陰陽相親有上同之象故曰上同

上同者亨之道也不和同則離散非亨道矣大抵得乎道者無所往而不亨失乎道者無所往而能亨假大也惟王者大其有廟之道廟必有尊也必有親也慈愛恭敬之心也慈愛恭敬人心之所同有也上者行其恭敬慈愛之心於上舉而措之天下則舉天下慈愛恭敬之心無不觀感於下是爲大其有廟之道夫人心之所以離散者由其上無慈愛恭敬之心是以下亦無慈愛恭敬之心而爲離也有王者作綏之斯來動之斯和必可以中天下而定四海之民也故曰王乃在中明非王者則不能宅中也王者即此有廟之道而推之可以涉大川

濟大險曰乘木有功者取象乘木惟以明濟險有道而已濟險之道非他也大其有廟之道而已大其有廟之道非他也即慈愛恭敬之心乃人之本心乃天下同然之心此心即道心道心者無所不通之心以之脩身則身脩以之齊家則家齊以之治國則國治以之平天下則天下平以之濟大險則無所不濟此心人之所自有人所自存而有昏有明有濟有不濟者何也惟民生厚因物有遷意動則昏不動乎意則道心無体自明自神自正自中自無所不通自無所不濟不學而能是謂良能不慮而知是謂良知此假有廟之道也此乘木之道

也彼謂假有廟自有一道乘木自有一道者何以能感動天下同然之心何以能使自西自東自南自北無思不服此非智術之所能致也

象曰風行水上渙先王以享于帝立廟

風行水上渙散之象享帝立廟即王假有廟之道於卦彖已詳釋其義此則其事也恭敬慈愛之心必達於事則爲享帝爲立廟此始舉二事以發其端爾非謂止此二事足以定天下之渙散孝經曰愛親者不敢惡於人敬親者不敢慢於人凡慈愛恭敬有一失焉即失人心王心之誠愛誠敬雖已自足達之深入乎民之心又著

之於禮樂政事聲名文物則觀感亦深動化益敏夫所以合天下離散之心者在此而已而或者求諸權術良可鄙笑其有以力假仁僅足小濟岌岌危懼禍亂繼作安得不去彼取此

初六用拯馬壯吉象曰初六之吉順也

時方離散不可出而仕也拯壯馬而亟遯則吉矣象曰初六之吉順也者以初六未得位又渙散之始難未成則早遯爲順順爲宜也

九二渙奔其杌悔亡象曰渙奔其杌得願也

渙散之時而九二稍得位也非其時也渙離其所而奔

其杌棄位而就下遯世而貧賤則安也則悔可亡也初居下而安人皆以進而得位爲得願明者則以退而即安爲得願

六三渙其躬无悔象曰渙其躬志在外也

躬有俯而就下之象六三近比於九二陰陽有相得之象而六三不然渙其躬不就下乃應上九志不在内而在外斯其所以無悔歟内雖有難戀戀於利禄者未必能渙其躬亟退處於遠外也今何以知六三之志在外以六三與上九一陰一陽有相應之象是故知六三之志在外也九二上九不必言人九二有内象上九有外

象而已諸儒率多誤認

六四渙其羣元吉渙有丘匪夷所思象曰渙其羣元吉光大也

六四居大臣之位取渙離其羣黨之義夫士之窮而在下也則有親黨有朋友之黨患難相救利害相同及其事君當大任則當行天下之大公不當用其私黨故渙其羣元吉此非亦賢之所能也丘聚也於渙散之中有聚合人心之事業而非其故芔夷所思其故芔夷皆深信其大公知不可干以私不復思念足以見其誠實篤志夫是之謂道心夫是之謂易之道夫是之謂光大

九五渙汗其大號渙王居无咎象曰王居无咎正位也

九五又發渙汗大號之義聖人作易衆義畢備不可執一論大君渙散于四方曰汗者并以著一出不可復反之義凡此皆易之道也若謂號令者號令而已疑大易之道未必在是則不惟不知易道亦不識號令大號者易之大號渙汗者易之渙汗也渙離之時惟王者乃能居其中而無咎所謂王者非空名而已實有王者之德乃名爲王既有王者之德則何患乎民心之渙散一麾而定矣盖王者之心卽兆民之心兆民之身卽王者之身雖驅之使離散不可得矣曰正位者明爲王而後可

以正居其位也斯乃爲王者之正位也

上九渙其血去逖出无咎象曰渙其血遠害也

上九應六三三爲内卦坎體險難又坎爲血卦故告之以渙其血離其難去而逖出則無咎逖遠也言其不當應乎内也

楊氏易傳卷之十八

楊氏易傳卷之十九

宋寶謨閣學士慈谿楊簡敬仲　著

明　後　學廬陵劉日升

豫章陳道亨　校

漳浦林汝詔

豫章饒　伸　仝校

☵☱ 兌下坎上 節亨苦節不可貞彖曰節亨剛柔分而剛得中苦節不可貞其道窮也說以行險當位以節中正以通天地節而四時成節以制度不傷財不害民

節止也止其過也節之止異乎艮之止止雖不同而其

道同天下無二道也内以節已外以節物凡天下之有所謂節止也觀節卦象有亨之道焉三剛三柔中分而不偏節制爲剛柔不偏不偏則人心和而可行爲亨矣二五皆剛而得中亦制節不過之象也亦亨之象苟苦節而過之則人將不堪將不行苦節非其道也不可以爲貞其過窮則不通制節非人之所樂也聖人以爲行險人心易縱既縱則難于節節之是拂其所欲拂人之所欲大難故必和說以行之又必當位其勢可以行又中而一無所偏倚正而不入于邪則人心說誠服通行而無阻斯備節之道兊說也坎險也九五當位中正也

不和說則人心不從不居勢人亦不從不得中正之道人心不服天地亦有節夏暑之極秋節之冬寒之極春節之故四時成爲國則節以度制有制度則財不妄用不妄用則不橫歛害民言天地似無與乎人而聖人必並言之何也人道卽天地之道節以制度卽四時寒暑暄凉之宜聖人以此開萬世之明其曰不無小異焉者不惟不知天地亦不知人實不識節以制度天下無二道一通則無所不通一有不通則皆不通

象曰澤上有水節君子以制數度議德行

澤上有水水節乎澤中而不潰故聖人於是又發品節

之美天子之堂九尺諸侯七尺大夫五尺士三尺凡此類度也不可亂也孔子與下大夫言侃侃與上大夫言誾誾升堂屏氣似不息者出降一等則逞顏色怡怡如也去魯曰遲遲吾行也去父母國之道也去齊接淅而行去他國之道也凡此皆德行之品節而不可亂者也自此心光明者行之則與下大夫言自侃侃與上大夫言自誾誾升堂自屏息出降自怡怡去父母之國自遲遲去他國自速無俟乎議也自此心未通與雖通而未大通未極其光明而行之苟無議焉不保其無差也未至於大聖皆不可不議雖議而非外也皆吾心之所安

也皆吾心之所自有也是故聖人以五禮防萬民之僞經禮三百曲禮三千皆人心之誠敬也自外者非德行也僞者非德行也德者直心而出之非由外鑠我也

初九不出戸庭无咎象曰不出戸庭知通塞也

不出戸庭知止節也九二奇爻阻其前戸庭有阻夫有阻之則不當出不出則無咎然出處之道一也當出斯出當處斯處顧其時如何耳故曰知通塞也

九二不出門庭凶象曰不出門庭凶失時極也

九二之前無阻也異乎初九矣六三耦爻有門象無阻之者而九二猶止節而不出則爲失時之凶然則苦節

固塞亦非道之所貴孔子疾固其此類歟

六三不節若則嗟若无咎象曰不節之嗟又誰咎也

六三浮外縱而過非能節者不節則雖快於須臾卽有嗟苦之憂曰無咎者不可咎他人乃其自取也使象辭非聖人作則學者必謂無咎爲誰咎然則讀古書者安可不通其道而執其末

六四安節亨象曰安節之亨承上道也

六與四純陰有安象居近君之位尤當明於上下之分正位居体安止無越則亨斯乃承上之道也

九五甘節吉往有尚象曰甘節之吉居位中也

五得中道故制節不至於過故曰甘節則吉則可以往而有可嘉尚也言往必利必嘉也象曰居位中者言九五位乎上卦之中故有得中之象亦猶艮彖言上下敵應不相與者亦言其象耳

上六苦節貞凶悔亡象曰苦節貞凶其道窮也

上卦之極節之極苦節而不中雖貞正亦凶能悔則亡言悔而改則此凶可亡也此悔亡猶六三之無咎聖人之言及此亦以破後學執固守信之蔽言上六道之窮者也

䷼ 兑下巽上 中孚豚魚吉利涉大川利貞彖曰中孚柔在內而

剛得中說而巽孚乃化邦也豚魚吉信及豚魚也利涉大川乘木舟虛也中孚以利貞乃應乎天也

中内也孚誠也其中心誠信也觀卦之象三四陰爻在中爲柔在内夫何取乎柔也人心非氣血無体狀至虛至柔雖有作用視聽言動其實無我我意猶無安得有僞是謂中孚豈不甚柔而又曰剛得中何也二五皆剛皆中天下之至剛生於天下之至柔惟空洞無我無我爲至柔故外物不得而移富貴不得而淫貧賤不得而移威武不得而屈使已私微立則外物舉得而轉移之安得剛至剛至虛至虛至實無我無雜純一誠實中者

無所倚無所偏惟意不作故無倚無偏惟意不作故無

僞無詐無偏無倚必誠必僞皆主於意意起則必倚不

倚乎此必倚乎彼曰柔曰剛曰中足以發明中孚之實

也而又曰説而巽者又何也所以備言中孚之道也卦

象兑巽爲説而巽中孚無我和説自生自柔巽不苟

徹立已意於其間則必有不和説不巽者矣如此備言

則中孚之全明白無歉中孚之用邦民自化此豈五霸

之權術漢道之雜霸哉一於誠而已矣豚魚吉信及豚

魚也豚魚猶信之豈雜以權術者之所能哉豈較計揣

度之所爲哉純然一誠靡輟無間無雜故能及之能信

及豚魚則可以濟大險矣乘木舟虛即柔在内之道也惟虛故柔惟虛故無所忤即說而巽之道也惟虛故不可移奪惟虛故不動乎意而不倚即剛得中之道天之所助者順也人之所助者信也信足以得人心而未必出於貞正者亦有之未足以盡中孚之道既信既正則人欲盡釋乃應乎天即豚魚之吉也即舟虛之道也即柔即剛即中即說巽而聖人屢言之不憚煩何也何特舉此易之書皆此一言也舉五經皆此一言也天下安得有二道聖人安得有二言

象曰澤上有風中孚君子以議獄緩死

澤上有風水波雖興而水之大体不動君子憫獄囚之將死惻然動心誠心求之誠心議之惟詳惟審謂之動心可也然此動心乃道心之變化雖動而實未嘗動孔子曰哀樂相生是故正明目而視之不可得而見傾耳而聽之不可得而聞惑者惟覩其動心不知其實不動訊群吏訊萬民如此其詳矣而又有議親議賢議能議貴議勤議賓之法又王命王公參聽文王又三宥之然後制刑而君子於此猶惻念無已易曰變化云爲變化不動之動無爲之爲

初九虞吉有他不燕象曰初九虞吉志未變也

中孚之心人皆有之而民之顛倒詐妄至於不可勝窮者非其惡驟至於此也其發也有端生於因物有遷而已有他者遷化有他者意動也意不動則純誠純白百年如一日也虞吉者恐懼之異稱曾子戰戰兢兢如臨深淵如履薄氷如此者終其身此之謂虞也易曰君子敬以直内敬者虞之謂也禹曰安汝止即虞也虞未作於思慮也使作於思慮則有他矣則不燕安矣則動則不止矣則變矣變則漸入于詐老子亦曰我獨怕兮其未兆未兆者意未作未有他之時也而老子曰獨怕云者戰戰兢兢恐懼而非思慮也故象曰志未變

九二鳴鶴在陰其子和之我有好爵吾與爾靡之象曰其子和之中心願也

二在下卦有在陰之象兌爲口舌有鳴鶴之象居中有由中而發之象聖人作易雖觀象亦取其大旨爾非拘拘譾譾者鶴鳴于陰而子和之者誠之所感也我有好爵吾與爾靡之者君臣一心一德之言也亦猶鶴鳴而子和象曰中心願也此足以明中孚之道矣孔子曰君子居其室出其言善則千里之外應之況其邇者乎居其室出其言不善則千里之外違之況其邇者乎言出乎身加乎民行發乎邇見乎遠言行君子之樞機樞機

之發榮辱之主也言行君子之所以動天地也可不慎乎慎者慎其中孚之主不可動乎意而失之也何思何慮自誠自一

六三得敵或鼓或罷或泣或歌象曰或鼓或罷位不當也

六三之近而相得者六四爾而陰不相得故曰得敵而六三或鼓而進或罷而止或泣而悲或歌而喜心之不誠故進退悲喜不常至於此三之位稍高矣惟賢者宜在高位居是位者不當爾也六三失中六柔而〈缺〉三剛而進進退靜躁不常其象則然

六四月幾望馬匹亡无咎象曰馬匹亡絶類上也

六四居大臣之位月陰類幾於望不敢盈也如馬匹其匹絶其朋類之私惟上而事君則誠心著達君臣交孚矣

九五有孚攣如无咎象曰有孚攣如位正當也

九五陽實有孚信之象近惟六四陰陽有相得之象故曰有孚攣如無咎者君臣和而不乖違也象曰有孚攣如位正當也言近君之位其君臣相孚正當爾也不然則何以爲君臣

上九翰音登于天貞凶象曰翰音登于天何可長也

巽爲雞雞爲翰翰音上九巽卦之上有翰音登于天之象

夫雞振羽而飛不過尋丈今乃過其常登于天言其飛之大高也斯乃不由乎中孚彊力而上雖貞正亦凶何則彊過其力何可長也必墜無疑矣斯可以爲彊矯過力之戒

䷽艮下震上小過亨利貞可小事不可大事飛鳥遺之音不宜上宜下大吉彖曰小過小者過而亨也過以利貞與時行也柔得中是以小事吉也剛失位而不中是以不可大事也有飛鳥之象焉飛鳥遺之音不宜上宜下大吉上逆而下順也

陽爲大陰爲小四陰盛而得位故小者力盛而過足以

亨也力過而亨未爲失道過而不正斯失道矣是故利
於貞正過而貞正與時行也正者之過不以巳私隨時
而行非人欲也二五雖得中道柔体小可以小事而巳
剛体大二剛失位又失中道故不可大事事之大者必
剛者而後能爲之筮者雖一人而一卦之象非止於一
人也人豈獨立必有與也是故是卦有柔者又有剛者
有得中道者又有不得中道者六畫有飛鳥之象鳥飛
巳過遺音在空過之象也不宜上宜下大吉鳥飛上則
逆下則順也人情事理猶是也上則逆下則順也上則
犯分忤物下則不犯不忤聖人所以諄諄及此良以人

情好進而思退好高而悪卑而天道不然高者抑之下者舉之盈者虧之謙者益之人之天性即天道動於意則爲人欲動不以意是謂道心道无体无我寂然不動而変化无方如水鑑之象象有升降往來而水鑑无升降往來如天地陰陽之氣有升降上下而道无升降上下至動而常静至変而常一人皆有是道心皆有是變化而自不知而惟執浮動之意以爲巳私所以率好進悪退好高悪卑好動悪静其閒雖有知静之爲善者欲静而又自不能也不欲則未始不知則亦無所不知

象曰山上有雷小過君子以行過乎恭喪過乎哀用過乎

傺

此言過失之小者又異乎卦辭與彖所言所以通於他義也能通則無所不通矣能通則六十四卦皆小過之卦也

初六飛鳥以凶象曰飛鳥以凶不可如何也

小過有飛鳥之象而初六在下而用之有高舉上進之意凶之道也夫人心旣已放逸而有勇進之志矣今知其凶而遏之曰不可又曰如何也所以問之甚之之辭也

六二過其祖遇其妣不及其君遇其臣无咎象曰不及其

君臣不可過也

祖者始初六有祖之象故六二有過其祖之象祖不可過也其德或可過之其事業或可過之而非孫之所當言自他人則可言如是而過其祖何咎六二以陰柔内居卦之中有妣之象故曰遇其妣遇其妣則不過固無咎五君象在上二固不及也二臣象而其臣何咎此言天下事変不一有可過者有不可過者臣則斷不可以過其君雖德亦不可以言過之曰過之往往遭禍人君操生殺之柄一國之所尊也苟曰過之大禍之招也尊尊貴貴天下之達道也

九三弗過防之從或戕之凶象曰從或戕之凶如何也

三下卦之上而以九居之重剛不中弗過防之則將有從而戕之者矣凶之道也象曰凶如何也蓋戒之使過防防慎不嫌於過曰凶又曰如何也亦深戒之辭也

九四无咎弗過遇之往厲必戒勿用永貞象曰弗過遇之位不當也往厲必戒終不可長也

小過之時六五柔在上九四乃以陽剛居人臣之位疑其過而爲咎也而九四應於初其志乃在下故無咎弗過而犯分其與六五非本應乃若適相遇然雖不敢深自遠嫌大臣之位當任國事不當爾也而小過之時柔

者得位而過九四又以陽体居當位疑過疑犯非所宜徃則危厲必戒乃可勿有所用永守貞正無至愆違象曰終不可長也言終不可久處斯位義當退也

六五密雲不雨自我西郊公弋取彼在穴象曰密雲不雨已上也

九四以六五為君象而六五本爻又自取大臣之象易取象不可執一六五陰為臣為小而君位甚尊有公之象公大臣也雲升而不為雨者陰陽和則雨今陽氣已上未與陰和故密雲惟在西郊而已西陰方臣象也象與小畜同此六五無應故也密雲不雨大臣竭誠事上

而君心猶未應君臣之心未通協則大臣僅可以小事

弋取在穴小事之象

上六弗遇過之飛鳥離之凶是謂災眚象曰弗遇過之已亢也

居卦之上不中有過之象過則弗遇矣如鳥飛而離其所有大過之凶是謂災眚蓋曰此正所謂凶也天降之災不可避也雖然自戢而已亢故也不亢則何災

䷾ 離下坎上 既濟亨小利貞初吉終亂彖曰既濟亨小者亨也利貞剛柔正而位當也初吉柔得中也終止則亂其道窮也

既盡也既濟無所不濟曰亨小者及其小也小者亨則餘皆亨可知矣其曰利貞者何也初三五皆奇剛純而無雜二四上皆耦柔純而無雜又九五當位于上六二當位乎下餘剛柔咸當位正當如此非貞正乎貞正如此非利乎其所以初吉者柔順得中中道也六二之象也其終亂者水遇坎則止而不進其彖則人情狃于既濟怠止而荒故亂也能慎終如始無怠無荒常如欲濟之初則何由而亂也人能弘道非道弘人

象曰水在火上既濟君子以思患而豫防之

水在火上陰陽之氣交而相和既濟之象也泰之天地交

亦如之孔子曰君子安而不忘危治而不忘亂思患豫防之道也如此則無終亂之患此易之道也

初九曳其輪濡其尾无咎象曰曳其輪義无咎也

初濟而未離乎下有曳輪濡尾不輕進不欲速之象欲速有不進之理然大勢已濟異乎濡首而方入於險者矣

六二婦喪其茀勿逐七日得象曰七日得以中道也

茀者婦車之蔽婦喪其茀則無得而行二五正應九三阻二之前故有喪茀之象天下事不得其行者有其過在巳亦有其患在外今六二之不得行乃其患在外非

巳之罪也非巳之罪者無所致其力焉一聽其如何久之當自定故曰無逐七日得七日一卦之變歷六爻而至於七則得之矣蓋得中道者無有不利不得於今日必得於他日

九三高宗伐鬼方三年克之小人勿用象曰三年克之憊也

高宗既濟之主也鬼方幽遠之國也既濟之世大業巳就其有幽遠之國猶未從則益脩文德以來之可也今乃伐之雖以既濟之勢高宗之賢三年而後克之則亦憊矣武夫勇士安能一一皆賢或因小人成功則惟當

厚賞之不可用也用小人他日必致禍三爻有三年之

象離爲戈兵離上九亦言出征

六四繻有衣袽終日戒象曰終日戒有所疑也

子夏作繻卽襦字內則言襦子之禮衣不帛襦說文云

襦短衣也茹衣破敗如茹茹也易曰拔茅連茹誠有零落

之狀孺子之衣易於破敗故必終日戒視或可以免大

抵四爻以離內卦變爲外卦故多變乾九四云乾道乃

革泰六四翩翩不富以其鄰謂群陰已至否九四有命

無咎疇離皆有變㳄至於四誠患生之懼人心旣安則

易於忽忽誠有所疑疑其衰敗之至也襦易作繻或攺

作濡茹易作袽及引廣雅絮塞皆假借不正實今從子夏本

九五東鄰殺牛不如西鄰之禴祭實受其福象曰東鄰殺牛不如西鄰之時也實受其福吉大來也

東鄰言陽位殺牛盛禮九五之象也西鄰陰位禴祭薄禮六二之象也旣濟盛極則衰至君子當思患豫防持盈以虛保益以損六四已有終日之戒矣而兒於五乎西鄰之時守以損約故終受福

上六濡其首厲象曰濡其首厲何可久也

上六不能豫防於早至一卦之極猶陰闇而不悟至濡

其首危厲矣何可久也言其行没溺矣

䷿坎下離上未濟亨小狐汔濟濡其尾无攸利彖曰未濟亨柔得中也小狐汔濟未出中也濡其尾无攸利不續終也雖不當位剛柔應也

觀卦之象六五柔得中有亨之道焉柔順得道亦可以亨然柔亦有柔弱疑懦之象狐好疑小其弱者汔濟微濟也疑貳不夬欲往復疑故未出于離中六五猶爲上九奇畫所制故有未出中之象亦有濡其尾無攸利不續終之象雖剛不當位柔亦然而剛柔皆相應人心和也

象曰火在水上未濟君子以慎辨物居方

火在水上陰陽之氣不交和故爲未濟惟治斯濟惟不治不濟辨物居方亦所以治也各當其所而不亂是爲治惟治辨而後可以言和同有禮而後可以言樂未有淆亂而能致人心之和者也

初六濡其尾吝象曰濡其尾亦不知極也

卦言小狐汔濟而濡其尾則爲害猶小今初六不言汔濟而曰濡其尾是濡其首及身以至於尾故象曰亦不知極也而爻止曰吝何也聖人推明其意本於文過自是不受人言故其禍至於此極也文過曰吝初六以陰

柔居下當未濟之時自以爲能濟而冒昧以往其凶甚

明不待言而明必其文過遂非恥於中改覬其或濟故

終至於濡尾象言昏愚大甚爲不知之極遯初亦曰尾

九二曳其輪貞吉象曰九二貞吉中以行正也

曳其輪未濟也勢未可濟不敢欲速易之道也貞正之

道也不出於貞正以急而不濟以私意而不濟則凶道

也中者無過不及之謂九二之曳輪雖無過亦無不及

中以行正與時偕行故吉

六三未濟征凶利涉大川象曰未濟征凶位不當也

六三其才柔弱其時未可彊欲往焉凶之道也此論事

之常者若夫已在大險之中則又以速濟爲利不可以一槩論也差之毫釐繆以千里若其當事非險則斷不可徃所處之位不當征徃也言位者明其位在此不可出位而徃也三陽体有動意居坎卦之上有涉大川之象

九四貞吉悔亡震用伐鬼方三年有賞于大國象曰貞吉悔亡志行也

九爲陽爲君子爲正四卦之變乾卦至九四乃单泰卦至四爻而否未小人翩翩而來則此卦可以動而濟矣兒此六五陰陽有相得之象大國命我以伐鬼方志可

行也而四有遲疑退悔之象故釋之曰悔亡言所悔者亡也四應初初六有陰遠鬼方之象坎水趨下不應乎上故大國命伐之猶必三年者事有未可遽濟不可急也與既濟之九三異矣既濟九三既濟而不知止故三年爲憊未濟之九四伐此乃濟故三年有賞于大國曰用曰賞是之也

六五貞吉无悔君子之光有孚吉象曰君子之光其暉吉也

六五得中中卽正卽道故詳明道濟天下之義夫人心所以咸服者以其正故也正故吉雖小疵亦無故無悔道心發用寂然不動雖無思無爲而萬物畢照萬理洞

見如日月之光雖無心而畢照天下豈一無所用其心力哉禹治水征苗而孟子曰禹行其所無事禹告舜以安汝止豈禹不有諸已而姑爲空言哉道心本靜止安而勿動乎意則本靜本明萬事自理此大中至正之道失之則凶則悔君子不動乎意而人咸孚信心服暉者光之散乎猶暉也大哉聖言惟自明道心者乃自信其道心不明者斷斷不信以爲必思必爲乃濟吁可憫哉

上九有孚于飲酒无咎濡其首有孚失是象曰飲酒濡首亦不知節也

飲酒者獲濟而樂也未濟之極必可以濟孚必也信也

消息盈虛天道也必濟而無咎若又居樂而忘憂縱肆至於濡首則又信其必失之象曰飲酒濡首亦不知節也言其太甚也獲濟而樂未爲失道也樂而縱則失道矣失道則無所不失夫未濟消之極必息則曰有孚于飲酒足矣何又慮他日既濟之後而不知敬戒而復失之何其贅也此亦猶否之九五方休否而又有其亡其亡之戒人心易放故聖人諄告六十四卦終于未濟于以明事變之無窮何止於六十四而止也

楊氏易傳卷之十九

杜氏易傳　卷之十九　十八

楊氏易傳卷之二十

宋寳謨閣學士慈谿楊簡敬仲　著
明後　學廬陵劉日升
豫章陳道亨　校
漳浦林汝詔
豫章饒　伸　仝校

今人言易者必本於乾坤陋矣但見周易之書不見連山歸藏之書故必首乾坎坤不知連山首艮重艮故曰連山歸藏首坤故曰乾坤之義連山夏后氏之易歸藏商人之易至矣哉合三易而觀之而後八卦之妙大易

之用混然一貫之道昭昭於天下矣三方皆易也三才之變非一實一或雜焉或純焉純焉其名乾坤雜焉其名震坎艮巽離兑皆是物也一物而八名也初無大小優劣之間也形則有大小道無大小德則有優劣道無優劣或首艮或首坤明乎八卦之皆易也易道則變而爲八其變雖八其道實一曰連山宓戲歸藏黄帝易卦諸彖言大矣哉者十二卦而已豫遯姤旅言時義隨言隨時之義豈他卦皆無時義哉豈他卦之時義皆不大哉坎睽蹇言時用豈他卦皆無時用哉豈他卦之時用皆不大哉頤大過解革言時豈他卦皆非時哉豈他卦

之時皆不大哉六十四卦皆時也皆有義也皆有用也皆大也大矣哉蓋歎其道之大有言不能盡之意事無大小無非易道之妙聖人偶於此十二卦偶發其數非此十二卦與他卦特異也使每卦而言則不勝其言愚者執其言智者通其意豈特六十四卦皆可稱大矣哉雖三百八十四爻亦皆可稱大矣哉聖人於豫隨遯姤旅則猶有義之可言於坎睽蹇則猶有用之可言至於頤大過解革則既不曰義又不曰用止曰時而已夫何以曰大矣哉於戲此正明以天地無一物一事一時之非易學者溺於思慮必求其義聖人於頤大過解革盡

揖彖用止言其時而歎之曰大矣哉使學者無所求索不容鈎深即時而悟大哉之妙則事理一貫精粗一体孔子何思何慮文王不識不知信矣需有孚光亨貞吉言需得其道必得所需需待也彼此相孚則應矣所需待多動乎意非光也光如日月之光無思無爲而無所不照此之謂道如此人咸信之故曰孚如此則得所需矣亨矣得所需亨通或放逸失正故又曰貞乃吉孚與光與正本非三事以三言發明道心一動乎意則不孚不光不正謂之人心故舜曰人心惟危明其即入於邪入於凶禍坤六二直方大不習無不利直心而往即易

之道意起則支而入於邪矣直心而行雖遇萬變未甞轉易是之謂方圓則轉方則不轉方者特明不轉之義非于直之外又有方也夫道一而已矣言之不同初無二致是道甚大故曰大是道非學習之所能故曰不習孟子曰人之所不學而能者其良能也所不慮而知者其良知也習者勉彊本有者奚俟乎習此雖人道即地之道故曰地道光也光如日月之光無思無爲而無所不照不光明者也必入於意必支而他必不直方必昏必不利六三含章可貞陰雖有美含之以從王事弗敢成也地道也妻道也臣道也地道無成而代有終也惑

者往往於是疑其爲小故聖人特發之曰智光大也道一而已初無小大六四括囊無咎無譽亦此道也方時閉塞𧟌當括囊而謹易道之見於坤見於謹者也二言坤道之正五言坤道之盛他卦之五多明君象至于坤明臣道也故五止言臣位之極盛黄者中也之𧟌言乎其得中道也故曰通理言理以明中非中自中理自理也裳者下服言乎正人臣之位居人臣之體也故曰正位居体明乎得道者必守常分而不犯此非設飾者所能由中而發於文爲故曰元吉文在中也言乎文非外飾乃自中誠而著也伊周之事人咸信之不疑其爲非信

之誠也王莽設飾故卒罹大禍初之履霜謹微之道也
上之龍戰道之窮也皆易之道而有昏明邪正之辨也
坤之用六即乾之用九九六不同而用同乾造始坤代
終始終不同而其大則同故曰以大終也至哉之坤即
大哉之乾也名分不同而道同也爲妻爲臣而失道則
不永則不貞得其道者必永必貞二三四五皆能用六
惟上六不能用六反爲六所用爲形體所使爲勢位所
動故曰初亦不能用六故爲霜爲冰爲不善之積能辨
之於早則能用之矣小畜柔得位而上下應之曰小畜
健而巽剛中而志行乃亨小畜以臣畜君之道也畜有

養豢有止豢以下畜上非勢之順者而有道焉非柔則不敬不順非得位則不可以有所行豈有居下位而可以行畜之事者乎柔雖得位使人心不悅雖悅而不至於上下皆悅而應之亦不能以畜君天下事未有人心不悅而能行者而況於畜君乎故必上下之心咸應之乃可其德健則力足以行其事而無困憊不繼之患巽則順入乎君心剛則物莫能變中則不偏不倚剛中而言足以發明道心之本人臣能健能巽而中無其本亦不能致也健矣巽矣剛矣中矣或所畜之君雖畧相應而諫不盡行言不盡聽則臣亦不可謂得行其志

能亨於戲物情事理如上所序節節如此曲折如此乃易之道也惟柔得位以明六四之象衆陽咸應有上下應之象下乾健象上巽巽象剛中二五之象四五剛柔相得有志行之象非象自象道自道也此正易道之見於小畜六畫者然也象著其義彖發其義柔也得位也上下應也健也巽也剛也中也志行也非每事而致其力也合是數者以發明易小畜之道得易道全者自能當小畜之時盡小畜之義自與此彖辭無不合也有一不合必於道有虧焉齊景公悦晏子之對作君臣相悦之樂其詩曰畜君何尤畜君者好君也此亦小畜之小

亨也何者晏子猶未有剛中之大本故也易者天下之大道聖人之大道雖甚賢者未能盡也雖高明之士已得大本而物情事理委曲萬變往往踈畧不能皆盡孔子自謂加我數年五十以學易可以無大過明知夫易者大聖人之事應變無窮之道晚年成德乃可學也少讀易大傳深愛無思也無爲也寂然不動感而遂通天下之故竊自念學道必造此妙及他日讀論語孔子哭顔淵至於慟從者曰子慟矣曰有慟乎則孔子自不知其爲慟殆非所謂無思無爲寂然不動者至於不自知則又幾於不清明懷疑于中往往一二十年及承教于

象山陸先生聞舉扇訟之是非忽覺其心乃如此清明虛靈妙用之應無不可者及後居姚氏喪哀慟切痛不可云喻既久畧省察曩正哀慟時乃亦寂然不動自然不自知方悟孔子哭顔淵至於慟矣而不自知正合無思無爲之妙益信吾心有此神用妙用其哀苦至於如此其極乃其變化故易大傳又曰變化云爲不獨其有此心舉天下萬古之人皆有此心益信人皆與堯舜禹湯文武周公孔子同此心顧人不自知不自信爾子曰書不盡言言不盡意然則聖人之意其不可見乎子曰聖人立象以盡意設卦以盡情僞繫辭焉以盡其言變

而通以盡利鼓之舞之以盡神至哉聖言豈訓詁之所能解既曰書不盡言矣又曰繫辭以盡言既曰言不盡意矣又曰立象以盡意於乎至哉似矛盾而非矛盾也似異而實同也聖人之言意豈盡不盡之所可言言盡亦可言不盡亦可云不盡者聖人之實言云盡者亦聖人之實言此唯智者足以知其解者始信天下何思何慮始信孔子無隱於二三子始信六十四卦卦卦齊一始信三百八十四爻爻爻不昧六十四卦皆可以言元亨利貞聖人既於乾言之又於坤言之又於屯言之聖人於此詔學者可以意通之矣故自蒙而下或言其一

或言其二或言其三至隨又全言之臨又言之無妄单又言之亦偶於此數卦而復言非此卦之特異也亦恐學者執乾坤屯之卦異餘卦故復於此言之以破其疑於坤曰牝馬之貞者于以明地道也妻道也臣道也柔順動行之道也剛上在陽無爲而佚君之道也柔陰在下有爲而勞臣之道也君臣之分不同而道則同也在君則剛則佚在臣則柔則勞一也天下之動貞夫一者也無二貞也子思曰天地之道其爲物不二使牝馬之貞果劣於乾則屯不言牝馬又其失實者猶多而况於下焉者乎易大傳曰古者包犧氏之王天下仰則觀象

於天俯則觀法於地觀鳥獸之文與地之宜近取諸身遠取諸物於是始作八卦某嘗謂大傳非聖人作於是乎益驗此一章乃不知道者推測聖人意其如此甚矣夫道之不明也久矣未有一人知大傳之非者惟子曰下乃聖人之言餘則非何以明此章之非舜曰道心明此心之卽道動乎意則失天性而爲人心孔子曰心之精神是謂聖禹曰安汝止正明人心本寂然不動動靜云爲乃此心之神用如明鑑照物大小遠近參錯畢見而非爲也非動也天象地法鳥獸之文地之宜與凡在身及在物皆在乎此心光明之中非如此一章辭氣之

勞也此可與知道者語未知道者必不信

楊氏易傳卷之二十終